사랑합니다
행복하세요

김현남수녀

겨울빨래 수녀한테 걸렸니?

겨울빨래 수녀한테 걸렸니?

글 김현남

교회인가 2018. 9. 3.
1판 1쇄 인쇄 2018. 9. 10.
1판 3쇄 발행 2018. 12. 15.

펴낸곳 예·지 | **펴낸이** 김종욱
표지·편집디자인 신성기획 | **제작 진행** 공간

등록번호 제1-2893호 | **등록일자** 2001. 7. 23.
주소 경기도 고양시 일산동구 호수로 662
전화 031-900-8061(마케팅), 8060(편집) | **팩스** 031-900-8062

ISBN 979-11-87895-09-1 03040

예 지 의 책은 오늘보다 나은 내일을 위한 선택입니다.

김현남, 성모 모자상

겨울-빨래 수녀한테 걸렸니?

진정, 나눔에 앞장서는 여장부 수녀

내가 1995년부터 청주교구 총대리 역을 맡고 있을 때 김현남 메히틸다 수녀가 유치원을 잘 운영하다가 교도소 재소자들과 지내겠다고 교구청으로 찾아왔습니다. 난 놀라지 않을 수 없었습니다. 50대 초반, 한창 일할 나이에 수인들과 같이 일하겠다는 것이었기 때문입니다.

저는 말릴 수 없었습니다. 이후 수녀님은 소리 없이 본당신부들을 설득하여 후원회를 만들고 적극적으로 도와주었습니다.

어떤 신부에게 "자네 겨울빨래 수녀에게 걸렸나?" 하고 물어보았습니다. "그럼요. 걸렸지요. 그 수녀에게 걸렸다 하면 이길 수가 없는 못 말리는 수녀죠. 겨울에는 빨래가 통 안 마르거든요." 그렇게 말릴 수 없는 수녀였습니다.

수녀님은 교도소에서 해결사였습니다. 부족하다 싶으면 이 집,

저 집, 이 신부, 저 신부 가슴을 두드려서라도 해내고 마는 해결사! 결국에는 조폭들도 손을 들어 주는 '조폭들의 어머니'로 불리기도 했고, 일할 때는 불도저 같지만 참 욕심이 없는 수녀로 압니다. 2002년도에는 대한민국 교정대상 특별상을 수상했습니다.

교구에서 대안학교인 양업고등학교를 시작할 때 무척 힘들었습니다. 그때 교정 사목 후원금 7000만 원을 주저하지 않고 기부하는 것을 보고 여장부라고 불렀습니다.

청주교구청에서 8년간 수고를 많이 하셨고, 지금은 웃음치료사로 열심히 사시는 수녀님이 책까지 내신다니 기쁘기 그지없고, 주님의 은총 듬뿍 받기를 빕니다. 수녀님이 하시는 일에 주님 함께하시기를 빌겠습니다.

다시 한 번 책 출간에 축복을 드립니다.

2018년 9월

김원택 하비에르 신부

한길 오로지 걸어온 봉헌의 삶을 나누며

"수녀들아, 너희들은 교회의 꽃이다. 교회에서 아무것도 하지 않고, 그대로 존재하고 있는 것만으로도 족하다."

성인품에 오르신 교황 요한 바오로 2세께서 수녀들을 향해 하신 말씀입니다.

한길 오로지 걸어온 봉헌의 삶은 쉽지 않지만 우리 수녀들은 공동체가 서로 감싸 주고 기도해 주며 살기에 여기까지 올 수 있었습니다. 아직까지는 교회에서 수녀들의 위치를 보람 있게 인정해 주시기에 가문 좋은 집안에서처럼 잘들 지내고 있다고 봅니다.

각자가 다른 환경에서 자라고, 교육받고, 미래의 삶을 위해 수녀원을 택해서 생활하는 수녀들. 내가 감사하는 것은 내가 택한 곳이 바로 우리 수녀회라는 것입니다. 내가 고향에서 소임을 하였던 수도회가 보육원과 양로원을 경영했고, 내가 만난 수녀님들이 저를 수도자로서의 꿈을 키워 주셨습니다.

우리 수녀원의 초창기 수녀님들은 6·25가 끝난 후 부모 잃은 고아들을 돌보았습니다. 수도회 창설자 성재덕 신부님은 전후 양산된 고아들을 돌볼 처녀들이 필요할 것이라고 생각하셨습니다. 신부님은 시골에서 이 집 저 집에서 일하거나, 이곳저곳으로 일하러 다니던 처녀 4명을 공동생활로 초대하셨습니다. 혼자 살면 위험할 것으로 생각해서 함께 모여서 생활할 수 있는 공간으로 마련한 곳이 혜화동 성당 바로 옆 오두막집이었습니다.

그때부터 나환자 한 분을 돌보면서 장면 박사님 댁에 가서 일한 품삯으로 생활했습니다. 수도원 빨래, 병원 빨래로 연명하면서 지금의 대수녀원을 만드신 우리 선배님들이십니다.

그런 분들을 자랑스럽게 모시고 살아온 나는 자연스럽게 가난한 이들에게 시선을 돌리고 창설자 신부님의 유언서 한 토막을 푯대로 삼으며 살아왔습니다. 비단 저뿐만 아니라 거의 모든 수녀님들이 필리핀 빈민가, 볼리비아 빈민가, 아르헨티나 알바레스 병원에서 소임을 다하고 계십니다. 그분들의 경험담을 들을 때마다 난 정말 행운아라는 생각이 듭니다. 이렇게 멋진 수녀원의 회원이란 것이 자랑스레 생각됩니다.

수녀원에 들어온 지 60여 년. 내 작은 소임의 일부 경험을 책으로 엮어 나누려 합니다. 이런 기회를 주신 것을 무척 감사하게 생각하며, 저를 힘껏 격려해 주고 후원해 주신 초대 청주교구장 정진석 추기경님, 현 청주교구장 장봉훈 가브리엘 주교 이하 200여 분의 신부님들과 후원자 여러분들께 이 지면을 통해 감사의 인사를 드립니다.

　이 책을 펴내면서 후배들이 더 많이 생겨 이 세상을 아름답게 꾸며 가기를 진심으로 소망합니다. 이 모든 은혜에 감사드리며…….

2018년 여름 더위의 한 자락을 붙들고

김현남 메히틸다 수녀

겨울빨래 수녀한테 걸렸니?

차례

2부 "웃어요, 웃어 봐요!"

겨울빨래 수녀한테 걸렸니?

1부

"기쁘시죠?
저도 기쁩니다."

김현남, 장미

겨울빨래 수녀한테 걸렸니?

에피소드 1

남자 교도소

이 루이제, 고요

왈패 수녀

영웅심에 교도소 소임을 자원하고 처음 찾아간 날, 머리를 빡빡 깎은 재소자들이 무겁게 맞이할 줄 알았다. 그런 분위기로 지레짐작하고 위축되고 긴장된 마음으로 들어선 교도소.

하지만 이게 웬 은총인가. 생각과는 전혀 다른 분위기였다. 빡빡이라고 생각한 머리도 적당한 길이에 단정하게 빗질하여 옆으로나 뒤로 넘긴, 잘생기고 늠름한 신사분들이 나를 맞는 게 아닌가.

똑같은 옷을 입었고, 가슴에는 각자의 수인 번호를 달고 있었다. 조금은 안쓰러웠으나 무섭지도, 겁나지도 않았다. 내가 교도소를 방문한 첫날, 예수님들로 내게 오신 분들이셨다. 첫날 강하게 밀려온 이 생각으로 내 앞에 놓인 시간이 주님께서 선물로 주신 시간임을 알았다.

'주님, 감사합니다.' 하고 교리 수업을 시작했다. '임 쓰신 가시관'을 함께 부르며 얘기를 나눌 계획이었다. 다섯 번을 같이 부를 양으로 미리 녹음도 해 갔다. 반주는 내가 피아노로 직접 할 것이다. 가사를 정확하게 전달하기 위해 흑판에 가사를 판서할 계획이었다. 그들을 향해 또박또박 말을 걸었다.

"판서에 자신 있는 분, 나오세요."

즉시 한 명이 뛰어나왔다. 멋지게 또박또박 쓰는 동안 음악을 들려주었다. 멀리서도 글씨가 잘 보이나 점검하기 위해 뒤로 가서 살펴보았다. 무대 천장에 형광등이 있어 흑판에 쓴 글씨가 잘 보이지 않았다. 뒷걸음으로 재소자들 통로로 가면서 "흑판을 조금 뒤로요! 조금 더요!"라고 외쳤다. 이제는 된 것 같기에 손가락으로 동그라미를 만들고는 큰 소리로 "오케이!" 하며 무대 쪽으로 갔다.

피아노와 내 육성으로 노래를 들려주었다. 그리고 준비해 간 신상옥(친언니의 아들)의 생활성가 녹음을 감상하게 했다.

첫 시간을 시원스레 진행했다. 그러고는 한마디 덧붙였다.

"여러분, 무대에 서 있는 이 수녀를 가리키며 '저건 내 꺼다!' 하는 순간 나는 이 자리를 뜰 겁니다. 알겠습니까?"

'웃긴다, 웃겨. 저 수녀 뭐라고 한다냐?' 하는 분위기였다. 무안스러워하기는커녕 뻔뻔스럽게 지껄이며 수업을 마치는 수녀를 그들은 어떻게 평가했을까? 자신들의 생활공간으로 돌아가자마자 "천주교회에 왈패 수녀가 왔어. 왈패야! 뚱뚱하고, 피아노도 칠 줄 알아. 노래도 꽤나 하던걸. 하지만 웃겨."라며 쑤군거렸을 것이다.

내가 왜 이렇게 생각하는지 궁금할 것이다. 둘째 주 집회날은 호기심에 찬 재소자들이 더 많이 나를 보러 왔기 때문이다. 야, 이쁜 수녀 보러 가자. 노래도 잘 부르고 씩씩한 왈패 수녀야. 그래, 맞아. 나는 왈가닥이지만 귀여운 50대 애기 수녀가 아닌가. 호호호. 청주교도소에 커다란 선물이 들어온 셈이었을 것이다.

이후 집회를 위해 교도소 측에서 60명에서 90명까지 자리를 만들어 주었다. 후한 배려다. 할머니 후원회장님의 사비를 들여 맛있고 커다란 사탕을 가져가는 게 전부였지만, 아낌없이 나누는 귀한 시간이었다.

아무것도 보이지 않던 내 시야도 점차 넓어지기 시작했다. 하지만 500명 넘게 나오는 개신교는 도저히 상대를 못 한다. 간식 좋고, 설교 좋고, 기쁜 찬송가를 부르니 최상의 분위기다. 감히 쳐다볼 수도 없었다. 그중 목사님 한 분은 겸손하고 인자하셔서 정말 존경심이 들 수밖에 없었다. 가난한 목사님이지만 집회 장소가 작을 때 그곳 교회당에 긴 의자를 만들어 주셨단다.

2년 후 대강당을 마련했을 때 재소자들이 앉을 자리가 태부족하자 나머지 의자를 모두 천주교회에서 부담했다. 이 이야기는 따로 하겠다.

흔히 말하는 보스 2명까지 구경 삼아 집회에 나오기 시작했는데, 그 사연 또한 재밌다. 기대하시라.

처음 보스들이 나오기 시작했을 때, 나는 재소자들의 태도를 보고 단번에 알아차릴 수 있었다. 교도관에게보다 더 정중하게 인사하는 모습을 보았기 때문이다. 그 사람들에게만 인사가 달랐다. 나중에 알고 보니 내 짐작이 틀림없었다. 아무튼 첫날부터 마치는 날까지 예수님께서는 내 발자국하고 박자가 딱딱 맞게 같이 걸으셨다.

유언서에서 "하느님은 너희 편이 될 것이고, 모든 이는 너를 따를 것이다." 하신 창설자 신부님의 말씀을 가슴에 새기면서 힘차게 살아 보련다. 주님, 강복하소서.

천주교회는 왜 공양미가 없나요?

　　교도소 소임을 한다고 들락날락 다녀도 천주교 집회에 나오는 남자 재소자는 고작 60여 명뿐이었다.

　　어느 날 우연히 불교 집회를 보았다. 200여 명이 들어갈 정도로 커다란 교실에 재소자들이 그득하게 모여 있는 게 아닌가. 이유 여하를 막론하고 많은 이들과 집회를 하는 스님이 부러웠다.

　　알고 보니 불교 집회 때는 절편 떡을 준다고 했다. 무쏘 차에 떡을 싣고 드나드는 스님이 부럽기 짝이 없었다. 스님들은 좋겠다. 공양미가 많아서 오실 때마다 떡을 해 오시는구나.

　　나도 모르게 뒤따라가 보았다. 스님이 불상 앞에 떡 보따리를 떡하니 놓고는 집회에 온 이들에게 불상을 향해 10배의 절을 하게 했다. 절을 다 한 끝에는 떡이 나오기에 그들은 비지땀을 흘리면서도 참고 한다. '염불보다 잿밥에 마음이 있다'는 속담도 있지만, 사람들이 모이는 곳에서 먹거리는 매개의 역할을 충실히 해낸다.

어느 날은 정문에서 스님의 떡 보따리에 있는 떡을 보았다. 작은 절편 6개가 스티로폼 용기에 놓여 있었다. 이런 생각이 들었다. '저 떡은 내 입에 서너 번 들어가면 없어지겠구나. 내가 떡을 해 온다면 큼지막하게 해야지. 그래서 이 교도소에 있는 많은 분들을 우리 천주교 집회에 나오게 해야지……' 그러면서 떡을 만들 수 있는 기회만 손꼽으며 기다렸다.

3개월이란 시간이 후딱 지나가 버렸다. 나는 더 이상 참지 못했다. 성당에서 성체조배를 하면서 끝내 예수님께 불만을 토해 버렸다. 그날 나는 감실 가까이 다가가서 복사들의 의자에 놓인 방석을 딛고 일어서서 감실을 감싸 안았다. 빈 성당이 우렁우렁 울리기 시작했다. 소리는 점차 커졌다.

"예수님, 예수님! 왜, 왜 천주교회는 공양미가 없나요? 왜요? 스님들은 공양미가 많아서 올 때마다 떡을 해 온다고요! 저도 떡 좀 해 주세요, 네? 예수님! 떡요, 떡요, 떡!"

그렇게 '떡요, 떡요!'를 외치다 시간이 흘렀고, 지친 나는 깊은 잠에 빠져들었다. 꿈까지 꾼다. 웬일인가. 꿈에 예수님께서 오셨다. 예수님이 내 앞에 인자하게 서서 이렇게 말씀하신다.

"수녀야, 너도 외상 떡을 해서 가져가거라."

화들짝 놀랐다. 외상 떡이라니! 상상불가! 하지만 나도 모르게 대답을 했다.

"예수님! 네, 떡집 알아요. 그 집은 신자 집이고, 착한 자매예요. 고맙습니다, 떡요!"

내가 외치는 '떡요!' 소리에 깊은 잠에서 깨어났다. 감실에 절을 하고 한달음에 성당을 나왔다. 속으로는 마구마구 외치고 있었다. '네, 떡집으로 갈게요, 갑니다요. 고맙습니다.'

택시를 탈 겨를도 없이 단숨에 달려간 시장에서 나는 '호산나' 떡집을 찾았다. 수산나 자매님이 물 묻은 손을 훔치며 반갑게 인사한다.

"우리 애기 수녀님 오셨네요."

지금 내 나이 일흔일곱, 외상 떡을 하러 달려간 그때는 50대 초반이었으니 무척 예쁘고 젊었을 때다. 호호호.

"수녀님! 수녀님 오신 후에 재소자들이 팡팡 나온다면서요?"

교도사목후원회 벨다 회장님과 자주 교도소를 드나드는 자매였다. 어쩌면 상기되었을지도 모를 내 얼굴을 보면서 수산나 자매가 먼저 말을 건다.

"수녀님, 제가 떡 한번 해 드릴까요? 무슨 떡으로 해 드릴까요?"

"마구설기로 해 주세요. 건포도와 검정콩을 듬뿍 넣고 달달하게요. 크기는 두 주먹만 하게요. 세 말만 해 주시면 고맙겠습니다."

난 다짐했다. 돈이 생기면 떡값을 갚으리라.

"지금 당장 돈이 없지만 마련되는 대로 갖다 드릴게요."

마음속으로 다짐하고 떡집을 나왔다.

큰 떡 먹으러 가자

오토바이로 배달된 떡 세 박스가 피아노를 치는 내 옆에 높게 쌓였다. 그것을 바라보는 나는 기쁘기 그지없었다.

미사가 진행되는데 여느 때와 달리 손님 신부님께서 우리 교정 담당 신부님과 함께 미사를 집전하신다. 저 멀리 대천에서 오신 분이다. 냉담한 청년 한 명이 수감 중이어서 고해성사를 주실 겸 면회를 오신 신부님이셨다. 미사가 모두 끝나고 두 분은 제대가 놓인 무대에 앉으셨다.

"형제님들, 안녕하세요. 오늘은 우리 천주교회에서도 떡을 해 왔어요."

내 말이 미처 끝나기도 전에 우레와 같은 함성과 박수가 터져 나왔다. 떡까지 해 왔으니 불교신자들 보란 듯이 새로운 분들을 끌어오기 쉬울 것이 분명했다. 새로 부임한 수녀가 젊고 예쁘고,

피아노 잘 치고, 노래도 잘하는 데다 떡까지 해 왔으니 됐다 하는 박수 소리로 내 귓전에 들렸다.

그때다. 단상에 점잖게 앉아 계시던 손님 신부님께서 뚜벅뚜벅 계단을 내려와 내 옆에 섰다.

"오늘 떡값을 준비 못 해서 죄송합니다, 수녀님." 하시며 까만 지갑을 꺼내서 파란 지폐를 몽땅 집어 들었다. "다음에는 좀 더 준비해 오겠습니다. 작지만 이거라도 받아서 떡값에 보태세요." 하시면서 지폐를 반으로 접어서 내게 주셨다. "신부님, 괜찮아요." 하고 사양했지만 돈은 이미 내 손에 들어와 있었다. "고맙습니다." 하고 수도복 주머니에 넣었는데 얼마를 주셨을까 궁금하기 짝이 없었다.

손님 신부님께서는 방송을 해서 냉담한 형제를 불러 고해성사를 주시고 대천으로 떠나셨다.

나는 일정을 마치고 벨다 여회장님 차에 탔다.

"회장님, 신부님께서 얼마를 주셨나 세어 봐요."

한 장 한 장 넘기던 만 원짜리 파란 잎은 9장에서 멈추었다. "우리 예수님도 떡을 좋아하시네!" 하면서 무릎을 탁 쳤다. "예수님 미사 때마다 외상 떡을 해 올게요." 하면서 떡값을 회장님 손에 쥐어 드렸다.

"수녀원에 저를 내려 주시고 호산나 떡집에 들렀다 가세요. 9

만 원요, 한 말에 3만 원씩."

딱 9만 원이 외상 떡값이 되었다. 모자라지도 남지도 않은 그날 떡값이었다.

재소자들 손에 쥐어 주고 남은 떡 세 덩어리를 같은 본당에서 오신 어르신 자매님들께 드렸다. 이 떡이 외상 떡이고, 돈이 수녀 손에 들어와 떡집에까지 간 것이 고맙고 신기했는지 떡을 받은 자매님들은 당신들이 드시지 않고 사직동 본당 사제관 문을 두드렸다.

"신부님, 새로 온 수녀가 외상 떡을 했어요. 소임을 맡은 지 석 달 만이에요. 한데 손님 신부님이 그 떡값을 지불합디다."

어쩌면 그 자매님들은 우리 본당 신부님도 떡 한번 하셨으면 하는 바람에서 그 말을 했는지도 모르겠다. 어쨌든 떡 세 덩어리는 신부님 손에 들어갔다.

가난한 집 제사는 왜 그리도 빨리 오는가? 한 주 걸러서 미사였다.

주님, 저 사제를 저에게 보내 주소서!

어제 수요일에는 교도소에서 천주교 집회가 있었고, 오늘은 교구청 교육관 306호 교정사목국 사무실에 왔다. 커피를 마시고 있는데 웅성대는 소리와 함께 교구청 주교관 쪽에서 함박웃음을 띠며 나오는 사제들이 있었다. 오늘이 한 달에 한 번 미사 예물을 받는 날이었다. 연세 많으신 신부님부터 젊은 신부님에 이르기까지 한결같이 웃는 모습이 보기 좋았다.

그중에 40대 젊은 신부님이 돈이 듬뿍 든 것 같은 흰색 돈 봉투를 오른손에 들고 뱅뱅 돌리면서 빠른 걸음으로 걸어오는 것이 내 눈에 포착되었다. 마시던 커피 잔을 얼른 창가에 놓고는 '주님, 저 사제를 저에게 보내 주소서!' 하며 머리 숙여 간절히 기도를 드렸다.

그래서일까? 2분도 채 안 돼 내 방문 두드리는 소리가 들렸다.

3층을 단숨에 뛰어온 건가? 짐짓 침착하게 "네, 들어오세요." 했다. 누군가에게 봉투를 주려고 달려온 신부는 잘생기고 강의 잘하는 김웅열 신부님이셨다.

"수녀님, 교도소에서 외상 떡을 하셨다고요? 이 돈으로 떡을 몇 번 더 해 주세요."

내 테이블에 놓여진 하얀 돈 봉투! "신부님, 사랑해요." 하면서 포옹을 했다. 신부님이 말했다.

"돈이 떨어지면 떡값을 댈 테니 걱정 말고 나한테 오세요."

든든한 후원자가 생긴 것이다. 그뿐인가. 친구 신부님께도 도와주자고 하겠단다. 얼마나 감사한 일인가.

다음 날 모충동에서 사목 회장님이 오셨다. 간단한 편지도 있었다.

"존경하올 수녀님, 저희 본당은 성전을 짓기 위해 모금 중입니다. 성전이 올라가는 것보다 그 사람들이 안정을 찾고 신앙을 갖는 게 더 중요합니다. 그분들이 회개하여 제자리를 찾는 날 저희 성전은 그냥 올라가는 겁니다. 작은 선물 천사를 시켜 보냅니다."

봉투에는 거금 100만 원짜리 수표 한 장이 다소곳이 담겨 있었다. 깨끗한 흰 종이에 싸여 우리에게 온 작은 선물 천사였다. 지금은 은퇴 사제가 되셨지만 열심히 사신 윤기국 신부님이 보내주신 것이다.

어제 김웅열 신부님께서 주신 40만 원과 오늘 100만 원은 통장에 입금했다. 이 두 분 신부님은 교정 사목을 담당하신 분들로 외상으로 떡을 해 갔다는 소문에 적극적으로 후원해 주셨다. 기운이 나면서 힘이 샘솟듯 솟아났다.

미사 때만 와도 예비자 숫자는 늘어났다. 천주교 집회 날 아침에는 교도소가 시끌시끌하다. 이 공장, 저 공장에서 "오늘은 천주교 집회다. 큰 떡 먹으러 가자."는 소리가 퍼진다. 선전은 또 선전을 낳는다. 떡 때문에 나날이 식구가 늘어나기 시작했다. 떡을 다섯 말 해 가도 모자랄 판이었다.

벨다 회장님은 뒷전에 서 계시다가 떡이 부족하다 싶으면 어느새 사라진다. 자부를 앞세우고 시내 떡 방앗간에 가서는 내가 한 떡과 비슷한 크기의 떡을 사 오신다. 이렇게 불어난 형제들이 몇 주가 지나자 예비자만 80명이 되었다.

'주님, 감사합니다.' 우리 집회가 하루 더 늘어나 주 2회를 운영하게 되었다. 예비자 교리반 시간이 추가된 셈이다.

곱빼기로 타 와 봐

마산에서 이송된 형제가 자매결연 때 천주교반에 왔다.

그때만 해도 커피를 금지령으로 할 때였다. 귀했다는 뜻이다. 할머니 회장님은 믹스커피를 이고 교도소로 오셨다. 교도관들께 우리 아이들을 심하게 다루지 말고 모진 말 하지 말라는 뜻에서 믹스커피를 주고 싶었던 것이다. 대단한 마음 씀씀이시다.

교도관들이 커피를 얻어마신 덕에 재소자들에게도 믹스커피를 가끔 주었다. 그들의 옷에는 오로지 왼쪽 가슴에 주머니 하나가 있다. 유일한 주머니다. 회장님은 큼직한 손으로 준비해 온 고급 사탕을 듬뿍 집어 그들의 주머니에 직접 넣어 주며 말씀하신다.

"이놈들아, 너희만 처먹지 말고 나눠 먹어라."

그 말씀과 손길이 마치 친손주들에게 하는 듯하다. 우리 형제들은 "네, 알겠습니다. 감사합니다." 한다. 떡을 해 주기 전에는 항상 커피와 사탕을 머리에 이고 오셨다.

그런 회장님이셨으니, 새로 자매결연을 맺어 들어온 친구에게 커피를 주고 싶으셨던 모양이다. 가족이 없으면서 열심히 생활한 재소자에게 부모님 대신 위로차 들어와서 음식을 나누는 시간에 가끔 커피를 주곤 하셨다. 오늘도 교도관에게 부탁한다.

"교도관님, 커피 한 잔만 타 와 봐."

"안 됩니다, 회장님."

"왜 안 돼?"

"밤에 잠들 이루지 못합니다."

"그래? 그러면 벌 한번 줘 보자고. 밤에 잠을 잘 자야 하는데 못 자면 벌이지, 뭐."

교도관은 머리를 긁적이면서 나간다. 회장님은 교도관 뒤통수에 대고 "곱빼기로 타 와 봐, 잉?" 하신다. 곱빼기는 종이컵에 믹스커피 2개를 넣고 물을 찰랑찰랑 부어서 타는 커피를 말한다. 10년 만에 커피를 마셨다면서 기뻐하는 형제를 보면서 회장님은 마냥 좋기만 하다.

천주교 집회는 우리 할머니 회장님과 나 김현남 수녀, 2명이 들어가도 남부럽지 않다고 한다. 그렇게 사랑을 받고 소(교도소) 내에 들어가서는 다른 재소자들을 편하게 해 준다. 빨랫줄에서 떨어진 빨래를 툭툭 털어서 빨랫줄에 다시 거는 것도 천주교반에 나오는 형제들이 거의 다 한단다. 착해지면서 그 안에서 모범생이 되니 교도관들도 무척 좋아한다.

방송이 나간다. '오늘은 수요일 천주교 집회다.' 공장 등 사방에서 나와 복도에 사열한다. 숫자가 늘어나 200여 명이 되었다. 교도관은 소리 높여 외친다. '차렷, 열중셧, 차렷, 앞으로이 갓, 하나둘, 하나둘'.

천주교가 무너지면 이 세상이 무너진다. 집회에 나오려는 장대 같은 대열은 의기양양하게 두 팔을 올렸다 내렸다 하며 교회당으로 행군한다. 호호호.

흙 묻은 수녀님 운동화

　재소자들의 간식을 준비하기 위해 포도원에 갔다. 따가운 햇볕에 까맣게 농익은 포도송이들. 포도밭에서 이 나무, 저 나무를 뒤적인다. 굵은 송이를 골라 200송이를 만들려니 수녀의 발걸음이 바빠질 수밖에. 깨끗이 빨아 신은 흰색 운동화가 어느새 시뻘겋게 황토물이 들어 버린다. 턴다고 털어도 운동화는 보기 흉한 농부의 운동화처럼 된다. 흙이 묻은들 어떠랴, 포도송이만 제대로 채우면 됐지. 암만!

　이런 것도 잊은 채 강의를 하러 단상에 올랐다. "여러분!" 하며 말을 시작하려는데 이쪽저쪽에서 흐느끼는 소리가 들리며 흑흑 울고들 있지 않은가?

　"여러분, 왜 우세요? 무슨 일 있어요?"

　"수녀님, 이놈들이 뭐길래 그 예쁜 운동화에 흙이 묻으셨잖아요."

그러면서 말한다.

"정말 감사합니다. 고맙습니다."

그런데 포도를 반입시킬 수 없단다. 절대로 안 된다는 거다. 만에 하나 포도를 숨겨 들어가 술이라도 만들면 큰일이라는 것이 그 이유다. 교도관들의 만류에도 불구하고 간청했다.

"교도관님, 제가 책임질 테니 한 번만 먹여 주세요. 소 내로 들고 들어갈 포도도 없고요, 다 뜯어 먹은 포도 줄기를 회수하면 되지 않겠습니까? 눈 크게 뜨고 지켜보다가 걷으세요."

막무가내로 떼를 쓰는 수녀의 청에 교도관들도 두 손을 들어버렸다. 한 알도 안 남은 포도 줄기는 이내 수거되었다. 재소자들의 환호와 함성 역시 터져 나온다. 포도 먹이는 수녀는 이 세상 교도소에서 처음이자 마지막일 것이다.

절대의 사랑은 우리 재소자들의 녹아내리는 가슴에서 가슴으로 전해지며 온 교도소에 울려 퍼지기 시작했다. "왈패 수녀, 이쁜 수녀 보러 가자!"면서 천주교 집회를 손꼽아 기다린다. 힐링! 힐링! 수녀의 눈빛 하나, 행동 하나가 그들의 화젯거리가 되어 가면서 집회 참석자가 북적북적 늘어나 예비자 숫자가 상당히 많아졌다.

죄명은 빼고요

나는 본격적으로 교리 준비를 해 갔다. 첫날은 하느님의 존재에 대해서 준비했다. 최창무 대주교님의 교리서에서는 키울 때 아버지의 사랑을 많이 받은 친구들의 추억을 3명까지만 들으면 하느님의 크신 사랑을 알 수 있다고 전해 준다. 공부한 대로 첫째 날을 준비하여 단상에 올랐다.

그런데 웬일인가? 반짝 성령께서 내가 할 말을 바꾸셨다. 이분들이 서로서로 모르니 오리엔테이션을 한 후 다음 시간부터 '본론 교리로 가자.'고 맘을 굳혀 먹었던 것이다.

"여러분, 80여 명이 천주교회에 입회하신 것을 환영하고 축하합니다. 오늘은요, 옆에 계신 분과 통성명을 하신 후 서로서로 소개하는 시간을 갖겠습니다. 고향, 가족 사항, 취미 정도까지만요. 죄명은 빼고요."

5분 정도 시간을 드리고 2명씩 나오게 했다. 그중에 20대 청년과 50대 중년이 나와 소개하는 순서였다. 20대 청년이 먼저 시작한다.

"이분으로 말할 것 같으면 평택이 고향이시고요, 2남 1녀를 두신 가장이시랍니다. 취미는 운동이고, 담을 잘 타는 게 특기랍니다. 깔깔깔."

웃음이 터져 나온다. 첫날부터 한마음이 되어 한식구가 되었다. 이렇게 저렇게 40커플이 서로 뽐내며 소개하는 사이 한 시간이 훌쩍 지났다.

"사랑하는 형제님들, 감사합니다. 다음에 오실 때는 어떻게 하지요? 네! 한 명씩 더 데리고 옵니다."

특별히 커피까지 마실 수 있도록 소에서도 배려해 주시는 등 주님의 은총이 소복이 내려오는 행복한 시간이었다.

담의 고수들이여!

보슬보슬 소리 없이 내리는 봄비가 분위기를 한층 띄워 주는 어느 날이었다.

"여러분, 오늘같이 끊임없이 비가 내리는 저녁에 잠은 무슨 잠! 오늘같이 비가 와 담이 흠뻑 젖은 저녁, 이 수녀가 초소에 있는 교도대원들을 박카스에 수면제를 듬뿍 넣어 마시게 할 테니 여러분들은 덮던 담요를 비에 젖은 담에 척 걸치고 탈출하는 겁니다. 세상에 나가서 애인도 만나고, 보고 싶은 모두를 만나세요. 알겠습니까?"

쉴 새 없이 몰아치는 내 말에 예비자 80여 명이 우레와 같은 박수와 함성을 지르며 즐거워했다. 상상의 나래는 저 넓디넓은 세상을 날 수 있게 해 준다.

그때 문제가 생겼다. 감시하던 교도관들이 동시에 자리에서 일어났다. '저 수녀가 정신 나간 소리 하는군.' 하며 심각한 표정을 지었다. 나는 잠시 저들의 의구심을 잠재우기 위해 분위기를 바꿨다.

"이 집 담, 저 집 담을 뛰어넘는 담의 고수들이여! 이왕이면 저 높디높은 하느님 집 담을 뛰어넘어 보지 않으시렵니까?"

희망의 소리다. 또 한 번 "와!" 하는 함성과 함께 박수가 터졌다. 즉흥적으로 나오는 소리, 준비도 안 한 말들이 술술 나오는 것은 성령께서 내 입을 통하여 선포하는 기쁜 소식임에 분명하다.

"여러분! 하느님 집 담을 뛰어넘는 데는 반드시 조그만 묘기가 필요합니다. 이 집 담, 저 집 담을 뛰어넘는 것은 여러분이 고수지만 하느님 집 담을 뛰어넘는 묘기는 이 수녀가 분명하게 가르쳐 드릴 테니 아무 걱정 마시고 빠짐없이 교리반에 나오시기만 하면 차곡차곡 알려드릴게요. 정말 축하드립니다. 이제 시작이니 혼자만 오지 말고 다른 친구들도 데리고 나오세요."

집회가 끝난 그분들의 발걸음이 더 힘차고 가벼워 보였다. 하느님의 손길은 신비하고 감미롭기만 했다. 이렇게 준비해서 세례를 받은 친구들은 견진까지 받으면서 전 재소자들의 모범이 되어 준다고 한다. 예수님처럼 이웃을 내 몸처럼, 또한 누구보다도 소내에서 희생을 잘한다고 한다. 공장을 비롯한 사방에서 빗자루 드는 일, 설거지하는 궂은일들을 기쁘게 한다니 흐뭇하기만 하다. "역시 천주교반 친구들이라니깐."하고 교도관들은 말한다.

처음 천주교 집회에 오면 맨 뒤에 앉아 구경만 하고 간다. 다음 번에 나오면 중간쯤 앉아서 이것저것 구경을 한다. 세 번째, 네 번째 나올 때는 맨 앞줄에 앉는다. 왜냐고? 성모님을 좀 더 가까이에서 뵈려고 자리를 잡는단다. 성모님의 모성애도 감동을 주지만, 여인이라는 데서 인기가 대단하시다.

개신교에서 성모님에 대한 부정적인 교리를 들어 왔던 이들도 천주교 집회에 나오면서 성모님의 위대하심을 알게 된다. 구속 사업의 협조자이시고 중개자이신 분, 예수님을 열 달이나 잉태하시어 성령으로 가득 차신 어머니가 바로 성모 마리아이심을 확실히 알게 된다. 정말 대단한 수업의 결과다. 레지오 마리애에 가입까지 하여 활동 보고며 로사리오 기도를 한다. 이렇듯 대단한 신자들로 성장해 나가니 이곳이 주님의 어부를 낚는 황금어장임에 틀림없다.

"기쁜 소식을 전하는 이의 발걸음이 얼마나 아름다운가." (로마 10, 15)

오늘도 주님께 모든 영광을 돌리고 주님의 크신 사랑을 널리널리 전해오리다.

조심히들 가거라, 내 아들들아

재소자들은 2000여 명이 있는 대형 교도소에서부터 작은 교도소까지 합쳐 53군데에 나뉘어 수용되어 있다. 만약 소 안에서 문제가 생긴다면 그건 자해를 한다든가 목숨을 포기하려는 재소자 얘기다.

내가 들어간 지 2달이 안되어서였다. 자해로 심하게 다친 재소자에게 나를 데려갔다. 그는 손 전체에 붉은 피를 묻힌 채 흰 붕대를 감고 있었고, 얼굴은 사나운 사자가 으르렁대듯 사나웠다. 내 앞에 앉아 있는 이 친구가 나를 선택했다는 것이다.

사회복귀 과장님이 "자네 목사님이나 스님을 만나 보겠나?" 하니 "필요 없어!" 하며 거침없이 반말로 대꾸했단다. "그럼 천주교 김현남 수녀는 어떤가?" 하니 가만히 있더라는 것이다. '왈패 수녀나 한번 만나 볼까?' 하고 생각했던 것 같다.

특별 면담실은 따로 없어 사회복귀 과장실에서 만났다. 그곳이 안정되고 분위기가 괜찮으니 으레 그곳에서 만나곤 한다.

나는 피 묻은 그의 손이 아프도록 악수를 하며 "난 자네 어머니 뻘 되니 말을 낮추겠네. 괜찮겠나?" 하며 일부러 위엄을 띠며 더 아프게 꽉 쥐었다. 그 친구의 얼굴이 붉어지면서 수줍음을 탄다. 그리고는 목소리를 깔면서 점잖게 "괜찮습니다." 하는 것이 아닌가. 남자가 얼굴을 붉히며 다소곳한 태도를 보이는 것으로 보아 희망의 싹이 보였다. 말을 계속 이어 갔다.

"자네 천주교 집회가 수요일이니 그날 나오면 먼발치에서 나를 볼 수 있어. 성경 공부도 하고. 마음이 있으면 나와 보겠나?"

"알겠습니다."

집회에 나오면 으레 맨 뒤쪽에 앉는다. 앞까지 오기에는 시간이 걸린다. 그는 세 번째 왔을 때 맨 앞줄 가장자리에 자리 잡고 앉았다. 교리 수업 들어가기 전에 "김○○, 일주일 잘 지냈나?" 하고 전 재소자들이 듣게 큰 소리로 부른다.

다른 재소자들이 질투한다고? 절대 아니다. 그 형제가 조용하면 교도소 전체가 조용하기 때문에 무척이나 당연하다는 표정들이다. 학교나 사회나 다 그렇지만 이곳은 더더욱 심한 편이다. 난동이나 폭력이 생기면 그 안에서 또 하나의 벌이 가해지기 때문이다. 무섭지만 질서가 확실한 곳이기도 하다.

김○○이 천주교 집회에 나가면서 우리 교도소는 어느 순간부터 조용해졌고, 살맛 나는 곳이 되었다.

그렇게 수개월이 지났을까? 김○○ 형제가 당연히 좌정해야 할 의자가 텅 비었다. 주인 잃은 빈자리로 남아 있을 뿐이었다.

"여러분, 김○○는 왜 안 나왔나요?"

그들이 합창하듯 대답한다.

"이송 갔습니다."

"어디로요?"

"부산교도소로요."

내 두 눈에서 비 오듯 눈물이 흐르고 목이 메어 수업을 할 수 없었다. 왜냐고요? 교도소 정문을 들어서면 이송차를 볼 때가 있는데, 차에 올라타는 형제들의 두 손에 수갑을 철컥철컥 채우기 때문이다. 수갑에 묶인 채 버스에 몸을 싣는다. 그러면서 그들은 외친다.

"수녀님, 건강하세요! 안녕히 계십시오!"

안쓰럽기 그지없는 형제들. 그동안 만남을 가지면서 정이 들어도 잔뜩 들었는데……. 오늘 김○○도 꽁꽁 묶인 채 버스에 올라타 멀고 먼 부산 길을 간다고 생각하니 자꾸자꾸 눈물이 앞을 가린다. 도저히 강의를 할 수 없어 그날 수업은 성가를 부르는 것으로 대신했다.

조심히들 가거라, 내 아들들아! 시간 내서 꼭 가마. 아프지 말고, 밥 잘 먹고 잘 지내라!

나는 다음주 교도관 차를 타고 부산교도소에 가서 김○○를 만났다. 특별면회다. 그곳 사회복귀 과장실에 나온 김○○는 나를 붙잡고 운다.

"수녀님, 왜 오셨어요? 멀미하시면서요. 이렇게 먼길을요, 수녀님! 수녀님을 어머니라고 불러도 될까요?"

"그럼, 되고말고."하고 꼭 껴안아 주었다.

"수녀님! 제가 어머니가 살아계실 때는 괜찮은 놈이었습니다. 막내로 태어난 저는 집안에서 개밥의 도톨이가 되었습니다. 그때부터 지금까지 마구 살았습니다. 그런데 수녀님을 뵙는 순간 돌아가신 어머니를 생각하고 마음이 안정되었습니다. 전 안 죽습니다. 내게 어머니가 생겼기 때문입니다."

이후 그는 세례도 받았고 지금은 출소하여 잘 나가는 중년이 되었다.

저 거지 수녀를 누가 불렀나?

내가 소임하던 20년 전에도 집집마다 19인치 TV가 한두 대씩 다 있었다. 지금은 많이 달라졌지만 그때 교도소는 열악하기 짝이 없었다. 물론 흑백은 아니었지만 화면이 흔들려서 안 되겠다 싶었다. 아는 수녀를 통해 액정을 얻을 수 없을까 고민하던 중 한국샤프전자 회사를 소개받았다. 무조건 상경하여 회장님 면담실에서 대기했다.

조금 후 작은 체구에 위엄을 보이며 회장님께서 들어오셨다. 시커멓고 촌스러운 수녀가 눈에 띄니 기분이 안 좋은 표정이셨다. "수녀님, 안녕하세요. 들어오십시오." 하며 회장실로 안내해 준다. 청주교구에 있으면서 교정 사목을 하고 있노라고 차분히 내 소개를 하는데 편안하게 대해 주신다. 교도소 실태를 자세히 보여 드리고 설명을 드렸다.

"회장님, 전 하느님을, 그리고 우리 천주교 교리를, 성경을 그들에게 전하고 싶은데요……." 하는데 목소리가 가라앉으며 눈물까지 흐른다. 나의 간절함을 느끼셨는지 회장님께서 본래의 자상하고 대범하신 어조로 말씀하신다. 분위기가 전혀 달라졌고, 나는 그런 용기가 어디서 나왔는지 대뜸 "기증 확인서를 교구청 이름으로 보내 주십시오." 했다. 담당 팀장이 들어왔고, 시가 450만 원의 액정을 기증받기로 했다.

청주로 내려오면서 각오를 다시 했다. 올해 1995년에는 남소, 96년도에는 여소, 97년도에는 미평고등학교(소년원), 이렇게 한 해에 한 대씩 기증받자고 다짐했다. 주님은 계획대로 3년에 걸쳐 모두 주셨다. 더 큰 선물은 회장님 댁을 내 집 드나들듯 다닐 수 있게 된 것이다. 이제는 회장님께서 먼저 '필요한 것 있을 텐데 왜 조용하냐?'고 전화를 주신다.

세월이 흘러 출소자의 집까지 마련할 즈음인 1998년엔 직접 부르신다. "회장님, 저에게 트럭을 한 대 주시면 고맙겠습니다." 하니 1000만 원을 주시며 "필요하면 한 대 구입하라."고 하셨다.

이관진 회장님은 제1호 후원자셨고, 든든한 지원자로 언제나 나를 신뢰해 주셨다. 늘 하신 말씀이 수녀님 이야기를 영화로 만들겠다는 것이었다. 처음 내가 서울에 올라간 날, '저 거지 수녀를 누가 불렀냐?'고 하시던 분이 첫째가는 교정 사목회장까지 하

에피소드 1. 남자 교도소

시면서 가난한 집을 지원해 주신 것이다. 재산의 일부인 40억을 서울 대교구에 기증하셨고, 현주장학회를 운영하셨다.

이렇게 회장님이 물심양면 도와주시기까지 뒤에서 내조하신 표태옥 수산나 사모님이 계신다. 사모님은 몇 대를 이어 온 교우 집안의 규수였다. 지금도, 예전에도 집에서는 몸빼 바지만 입을 만큼 검소하시다. 회장님은 원래 신문사 기자였는데, 예리하신 분께 이웃 사랑이 얼마나 좋은가를 평생 동안 옆에서 알려 드렸고, 좋은 사업이 하느님과 예수님의 정신임을 마음속까지 챙기도록 일깨워 드렸다고 한다. 3남 1녀 모두 신앙인으로 잘 키우셨다.

자녀들 역시 이런 말을 한다.

"아버지 덕분에 저희는 작게 도와드릴 뿐이지요."

아버지는 오히려 "내 아들이 도와줘서 이렇게 주님 사업에 조금 도울 수 있을 뿐입니다." 한다.

한번은 "수녀님 필요한 것 하세요." 하며 400만 원을 주셨다. 난 봉투를 들고 둘째 아드님 회사로 달려갔다. 샤프전자 사장이다. "액정 하나 값이니 모자라면 사장님이 보태세요." 했다. 봉투만 봐도 금방 알 수 있지. 샤프전자 봉투에 넣어 주신 아버지의 마음에 아드님 또한 크게 감동한다. 이 나눔 역시 3명, 아니 하느님까지 4명을 뿌듯하게 해 준다. 충직한 나눔의 마음이 샤프전자 회사에 충만히 맴돈다.

지금은 천국에 가셨지만 회장님을 영원한 은인으로 생각하며 기도로 보태고 있다. 옆에서 더 열심히 도와주신 큰언니 같은 사모님은 나의 영원한 벗이다. 90이 넘은 사모님 댁에 가서 식사도 같이 해 드리고, '주여 임하소서', '찬미 찬미' 등 쉬운 성가를 불러 드리면 무척 좋아하신다.

한 파트만 도와드릴까요?

"내가 감옥에 있을 때 너희는 나를 찾아 주었다. 공심판에 너는 내 오른쪽에 있거라." (마태 25 : 36)

'이렇게 유치원 소임만 하다간 성녀가 되기 힘들겠다.'는 생각을 떨칠 수 없었다. 물론 그 소임도 중요하지만 말이다. 하지만 창설자 신부님의 유언집 한 토막을 살아 보고 싶었다. 그래서 나는 그것을 '영웅심이 발동했다'로 부르기로 했다. 교도소에 자원해서 소임을 하자는 마음에 지방에서 유치원 소임을 마칠 즈음 총장 수녀님께 편지 한 통을 썼다.

"제가 가난한 곳에 가서 소임을 하면 안 될까요?"

청주에 있는 교도소 담당 수녀님이 몸도 약했지만 마침 임기가 끝나 가는 것을 기회로 부랴부랴 서둘렀다. 1995년 2월 초다. 이미 소임 계획이 내정된 때라 기다렸다. 열흘 정도 회신이 늦어지니 '에따! 포기해야 되려나 보다.' 하는 마음이 들었다. 포기를 하니 교도소 소임을 맡고 싶은 열정도 조금 식힐 수 있었다.

그때쯤 "수녀, 고마워." 하는 총장 수녀님의 전화를 받았다. 총장님은 내게 "수녀는 첫째로 구교우 집안 자손이고, 둘째는 동정심이 많고, 셋째는 무슨 일이든 운영을 잘한다."는 말씀을 하시며, 이 세 가지 조건을 다 갖춘 수녀가 흔치 않은데 그런 요건을 갖춘 수녀가 교도소 소임을 자청하니 고맙다는 것이다.

"수녀, 오래오래만 해 줘!"

총장님의 당부 말씀을 듣자 '나 이제 잡혀가는구나.' 싶은 생각이 들었다. 창설자 신부님의 유언집에 따라 열심히 살아 보겠다는 결심과 달리 '정말 교도소로 가는구나.'라는 생각에 약간의 두려움이 생기며 심각해졌다. 영웅심은커녕 이번 소임은 왠지 부담스러워졌다.

우리 수녀원에 '불도저 수녀'가 셋 있다. 한 분은 지금 뇌졸중으로 침대에 누워 있는 간호사 수녀이고, 또 한 수녀는 같은 소임을 한 유치원 원장 수녀, 그리고 나다.

유치원 원장 수녀는 이명서 베드로 성인의 직계 후손으로 원아모집 때 줄줄이 줄을 서게 만드는 능력이 있다. 이 친구는 순수함 그대로다. 시골에서 뽕잎을 따서 누에를 올리던 시골 처녀였는데

난 이 친구 수녀가 옆에 있어 좋다. 지금도 만나면 그냥 좋다. 내가 제천 남천동 성당에서 다른 곳으로 소임을 받았다. 유치원에 책임자를 보내려면 참사 수녀님들의 고민이 클 것이다.

총장 수녀님에게서 내게서 온 편지를 들고 오신 수녀님은 "메히틸다 수녀 같은 수녀가 몇 명 더 있으면 얼마나 좋을까? 소임 이동이 쉬울 것 같군요." 하셨단다. 그 자리에 계셨던 선배 수녀님의 말씀이다.

이완영 총장 수녀님은 참 존경스러운 분이다. 성녀 마더 테레사 수녀님이 한국을 방문했을 때 통역을 맡은 실력 있는 수녀님이시다. 로마에서 성서학을 공부하고 학위까지 받으신 이완영 레오날드 수녀님! 그분은 고등학교 때 세례를 받고 부모님 모르게 집을 떠나 수녀원에 오셨다. 부모님이 우리 수녀원에까지 와서 초인종을 누르며 "우리 딸 못 보셨나요?" 하고 애타게 찾았으나 "못 봤습니다. 죄송합니다."라고 돌려보낸 일화도 있을 정도다.

이완영 수녀님은 교육자 집안에서 자라 성품이 곱다. 소리 없이 영문학을 공부한 뒤 유학길에 올랐다. 그제야 부모님은 두 손 다 드시고 포기했다고 한다. 수녀님은 부모님은 물론 형제들까지 입교시키고 족보에까지 올리셨다고 한다. 조카도 교수 신부로 성장시킨 성가정의 모범을 보이셨다. 특히 '한국의 수녀' 하면 "완영 수녀지!" 하고 교황 요한 바오로 2세가 인정하셨을 정도다. 이

분은 지금의 성가소비녀회를 단단하게 만드셨고, 이분 덕분에 성서의 실력이 현저히 향상되기도 했다.

난 늘 이렇게 장상 수녀님의 표양을 칭찬해 드리고, 자랑한다. 그때그때마다, 위기면 위기 때마다 해결해 주시는 하느님과 창설자께서 가르쳐 주신, 가난한 자에게 가까이 가라는 가르침을 실천하려 한다.

"병원이, 유치원이 커지는 것은 사업이다. 돈을 좋아하다 가난한 자를 위해 일하면 하느님은 너희 편이 되고, 모든 이가 너를 따를 것이다."

창설자 신부님의 유언집 세 번째를 나는 살고 싶었다. 그래서 교도소 소임을 영웅심 운운하며 자처했는지도 모르겠다. 아마도 이 소임이 없었더라면 이렇게 가슴 뛰게 하는 추억은 없었을 것이다.

지금도 서울 남부교도소에 한 달에 한 번, 2시간짜리 인성교육을 하기 위해 드나들고 있다. 새로 입소한 분들을 모았다가 24명씩 매기수 100시간 인성교육팀으로 집중교육을 한다. 나는 인기가 좋아 다른 분들에 비해 2시간을 더 받았다.

이 수녀의 아코디언 연주로 그동안 부르지 못했던 트로트 11곡을 맘껏 부르게 해 준다. 그뿐인가. 구수한 그들의 용어로 가까이 다가가는 솜씨로 '역시 김현남 수녀'임을 과시하며 그들과 무척 가까운 사이가 되어 시간을 보낸다.

"여러분, 여기 오신 것을 환영합니다. 이쪽에서 오시니 다행이지요. 징벌 받을 정도로 싸우지 마시고 맘껏 욕하고, 참지 마시고 화도 푸세요." 하면 "와!" 하고 웃음이 터진다.

"여러분, 내가 제일 좋아하는 사람은 나보다 먼저 인사하는 사람입니다. 자, 그럼 한번 연습해 보실까요?"

"안녕하십니까?"

"안녕하십니까?"

이렇게 재미있게 수업하고 소 내로 들어가면 다른 형제들을 만날 때마다 '안녕하십니까?' 하고 커다란 소리로 인사하는 분위기가 된단다. 전국에서 손꼽히는 '인사 잘하는 교도소'라고까지 한다. 감사하다. 호호호.

'한 파트(소임 기간인 4년)만 도와드릴까요?'가 아닌, 8년을 청주교도소에서 소임을 했다. 지금도 나의 교도소 소임이 무엇보다 소중하고 아름다운 시간들로 채워짐을 감사드린다.

이빨 빠진 무기수

교정 사목 소임 중 커다란 기적 셋이 있었다. 하나는 '떡의 기적', 둘째는 '초코파이 기적', 그리고 셋째는 '무기수 이빨'의 기적이다.

재소자들이 20여 년 살다 보면, 개인차가 있긴 하지만 칼슘 부족과 스트레스 때문에 이빨이 모두 빠지는 경우가 있다. 이빨 때문에 고생하는 형제들이 많다.

형을 거의 마치고 나가는데 틀니, 그것도 부분틀니를 하는 데도 100만 원이 있어야 한다. 이 형제의 경우 소에서 부지런히 저축을 해 100만 원 정도 모았다. 나가서 리어카라도 장만하려면 50만 원은 손에 쥐고 있어야 한다. 그러니 이 수녀에게 적은, 아니 내게는 무척 큰돈인 50만 원을 보태 주었으면 하는 교도소의 부탁이 있었다.

'못 합니다. 싫어요.' 소리는 교도사목을 하면서 한번도 안 했다. '노력해 볼게요. 기도해 주세요.'가 내가 말하는 정답이고, 모든 것은 내가 아닌 예수님께서 하시고, 그 일을 좋아하심을 교리로 믿는다. 그 부탁을 받았을 때 내 통장의 잔액은 57만 원, 이게 전 재산이었다.

오늘도 당연히 감실 가까이 가서 복사들 의자에 놓인 방석 하나를 방바닥에 놓고 큰절을 올리고는 예수님과 담판을 시작한다.

"예수님, 예수님! 50만 원을 가져가시면 7만 원만 남는데요, 그럼 이번 성탄절 영세 때는 어떻게 하라고요?"

불편한 말을 드리기 시작한다. 앉아서 생각해 보니 '다 내 소리잖아. 내 기도가 짧구나.' 생각하며 30분만 더 앉아 있어야지 했다. 기도를 늘리고 나니 내 마음이 바뀜을 느꼈다. "죄송합니다. 죄송합니다." 하면서 30분이 지났다.

그때였다. 내 마음이 불타오르는 느낌이었다. '예수님! 이빨 해 드릴게요! 예수님, 이빨 해 드리는데 뭐가 아깝다고!' 조금 전 계산으로 흐르던 부정적인 마음이 사라지고 나도 모르게 자리에서 벌떡 일어났다. 나는 어느새 감실을 어루만지면서 목멘 소리로 외치고 있었다.

"예수님! 예수님! 이빨 해 드릴게요. 꼭 해 드릴게요. 50만 원 다 찾을게요."

예수님의 이빨을 해 드린다는 생각에 기뻐 춤을 추고 싶었다. 다시 큰 인사를 드리고, 가사를 끝까지 아는 '찬미 찬미' 찬송을 한다. 빈 성당이 울리도록 노래하며 껑충껑충 뛰어 수녀원으로 가는 내 발걸음은 마냥 행복했다.

'네, 예수님, 해 드릴게요!'

저녁 성무일도를 끝내고 세 수녀가 저녁 식사 준비를 하고 있었다. 전화벨 소리가 요란스레 울리는데 내게 온 전화였다.

"수녀님, 별 사목 다 하신다면서요?"

우리 성가병원 약국에서 소임했던 최 로사 약사님이다. 내가 88올림픽 때 프랙티컬 잉글리시 배울 때 원문 읽어 주고 해석해 주기도 했던 상냥하기 이를 데 없는 약사님이다. 첫째아들이 대학을 가니 "수녀님, 기도 좀 해주세요." 하며 "하시는 일을 조금 도와드리고 싶어요. 계좌번호 좀 불러 주실래요?" 한다.

통장이 어디 있는지도 몰라 서랍을 뒤져서 떠듬떠듬 계좌번호를 말해 주었다.

"쬐끔 보낼게요."

"약사님, 고맙습니다."

예수님, 오늘도 당신은 내일까지 안 기다리고 주시는군요. 지난번에는 외상 떡값을 손님 신부님이 주시더니요. 감사합니다.

내일은 토요일, 모레는 주일. 월요일이 돼야 농협에 갈 수 있으니 왜 그렇게 토요일, 주일이 긴지……. 지금처럼 현금자동인출기가 있는 시절이 아니었다. 월요일 아침 은행으로 가면서 예수님께 속살거렸다.

"예수님, 이왕이면 틀닛값 100만 원 몽땅 주세요. 그 친구 것도 뺏지 말고, 제 돈도 안 쓰게요. 네? 이왕이면요…… 네? 예수님."

농협 셔터 문이 열리자마자 달려 들어갔다.

"아가씨, 아가씨! 통장 정리 좀 부탁해요."

기계에 들어간 통장은 나올 생각을 않고 '찌지직! 찌지직!' 소리만 들린다. '종일 찍혀라, 종일 찍혀라!' 나는 외친다. 드디어 튀어나온 통장을 보고 아가씨가 뒤로 벌렁 넘어지면서 "수녀님, 200만 원이 들어왔어요."라고 외쳤다.

"예수님, 200만 원이나 주셨대요."

100만 원을 현찰로 찾아 택시도 못 타고 시내버스를 타고 교도소 담당 계장한테 갖다 주었다.

"교도소가 생긴 이래 무기수 이빨 하라고 돈을 가져오신 분 수녀님이 처음입니다."

"계장님, 그런데요, 100만 원이 더 있어요. 무기수가 이빨이 빠지거든 걱정 마시고 부탁하세요."

내 목소리에 자신감이 넘쳐났다. 호호호.

"네, 잘 알겠습니다. 감사합니다, 수녀님!"

✝ 사랑하 예수님

무엇을 먹을까? 무엇을 마실까? 무엇을 차려 입을까?
하며 걱정하지 마라... 아버지께서는 이 모든 것이
너희에게 필요함을 아신다.

그분께 찬미와 감사와 흠숭을 드리며..
오늘은 감사한 일은 제가 해 드리게 않습니다
제가 한순간의 실수로 중풍수 밖에 없는 고통 질고.
당안에서 영안의 품으로 살고 있었는데.
천사 한분을 만났습니다
제가 언행을 하다가 치아가 부러지는 일이 있었지요.
그때 형편이 어려워 치아를 해 넣지 못하고 있만..
웃음 걷고 있었는데. 메히단다 수녀님께서서 거금 OO를
들여 치아를 해 넣어 주셨습니다
메히단다 수녀님 고맙고 감사해요...

또 제가 급성 폐렴으로 청주에 있는한국병원에
입원을 하게 되었는데. 보호자가 필요하다기 연락을
드렸더니. 그 바쁜일정 다 미루시고. 한달음에
달려오셔서 병상 침상에 묶여 있는 수간을 보시고
밤새 근심하던 수녀님의 모습이 잊혀지지가
않습니다 ...
죄송하고 고마합니다 ...
저 오라에게 정성과 사랑을 쏟는 수녀라면. 천사가
아니리오 ?!
참 부러운다 하겠습니다. 저희 형제들에게 어머니 같은
그런 자애로운 분이 계습니다
외나 시간에 당안에 들어 오셔도 자리에 앉아 계시는
시간보다 저희 형제들 하나 하나에게 다가와
그 손내를 들어주시고. 손을 꼭 잡아 주셨던 우리
메히단다 수녀님 고맙고 사랑합니다 ...
그래 두려 않는을 이만 줄입니다
날마다 품어 주의비가 이어지고 있습니다
건강 잘 슬피 세여 써.
사랑합니다 💞

이 갑리스도 올림

이 얼마나 좋은가! 돌아오는 천주교 집회가 기다려진다. 이왕이면 우리 집회에 나오는 형제에게 해 줘야겠다는 욕심이었다.

집회가 시작되고 신부님이 미사를 집전하시는 동안 주일학교 담당 수녀가 아이들 자리를 맴돌듯 형제들 사이사이를 돈다. 100여 명 되는 형제들 앞에 한명 한명 서서 "까꿍! 까꿍!" 하는 내 모션에 모두들 웃는다. 아, 이때다. '자네 웃어 봐!' 하는 것보다 이빨을 조사하는 데 까꿍이 제격이었다.

드디어 찾았다. 이 갈리스토 형제였다.

"자네 집회 끝나면 나랑 교무과에 가세나. 좋은 일이 있을 거네."

내 목소리가 춤을 추고 있었다. 영문도 모르고 뒤따라온 친구를 계장한테 소개시켰다.

"달리 찾을 거 없어요. 이 친구 해 줍시다. 다음 차례는 바로 이 친구입니다."

긴 형을 마치고 2017년 성탄 특사로 출소해서 마음 착하게 가족 품으로 간 친구이다. 아멘.

강당을 가득 채운 장궤틀 의자

기분 좋은 건 대강당의 긴 의자에 붙어 있는 '김현남 수녀'라는 견출지이다. 일부 의자 50여 개 빼고는 모두 천주교회에서 마련해 준 긴 의자다.

2000만 원 자산이 생긴 것은 각 본당마다 간사님들이 수고해서 후원금을 모금해 온 것이다. 하지만 보안과장을 통해 예수님께서 이 돈 모두를 빼앗아 가신다. 이건 또 무슨 말인가?

냉담하고 있다는 보안과장은 "수녀님, 저도 천주교 신자입니다. 준비되는 대로 집회에 나가겠습니다." 한다. 약삭빠르고, 도토리만큼 또릿또릿하고, 자신에 찬 이 사람이 "제 사무실에서 커피 한잔하시지요." 하며 순진데기 수녀를 초대한다. 커피를 마시면서 내 가까이에서 살살댄다.

소임을 하면서 소에서 부족한 것이 있으면 서동식 주임님과 함께 과장실에 갔다. 서 주임은 재소자들한테도 인기가 있고, 나에게도 점수를 얻은 교도관이다. 성격이 참으로 참배 맛이다.

좌우간 보안과장 이하 그곳에 계신 분들은 우리가 활발하게 움직이는 눈치를 채고는 어렵사리 강당 의자를 준비하는 데 협조를 청한다고 했다. 그 커다란 장소를 채우려면 그동안 한 푼, 두 푼 알뜰하게 저축한 2000만 원이 몽땅 날아갈 판이었다.

월말 결재를 받을 때 은근슬쩍 말해 본다.

"신부님, 교도소 강당에 의자가 필요합니다."

"그놈의 정부는 뭐 하길래 우리가 해야 합니까?"

"신부님, 나라에서는 그 사람들 밥 먹여 주고, 재워 주고, 병원 데려가는 데도 바쁠 것 같아요."

"그게 다 수녀님의 눈물입니다."

"신부님, 그러니깐 더 요긴한 겁니다. 예수님들이 시멘트 바닥에 앉게 할 수는 없지 않습니까?"

"맘대로 하세요."

신부님은 못마땅해하면서도 허락하셨다. 나는 제안했다. 교구 농아학교가 충주에 있었다. 그 학생들에게 성당 의자를 만들게 하자는 것이다.

"그곳에 일거리를 드리면 어떨까요? 나중에 빼빠(사포)로 문지르고 도색하고 니스 칠 하는 것은 우리 재소자들이 하면 서로 품을 줄이고, 작업이 순조롭게 잘될 것 같습니다."

내가 생각해도 참 근사한 아이디어다. 이렇게 말이 잘되는 건 내가 하는 소리가 아닌 예수님과 성령님께서 가르쳐 주시는 게 분명하다.

충주 농아학교에서는 두 달 꼬박 일해 긴 의자를 만들어 왔다. 다음은 우리 재소자들 차례였다. 온 강당에 뽀얀 먼지가 날리고, 머리카락에 뿌옇게 먼지가 덮이도록 의자를 손질했다, 즐거운 마음으로.

2주 후 강당에 멋진 장궤틀 의자가 그득히 채워졌다. 그동안 모인 후원금이 이토록 요긴하게 쓰일 줄이야! 마음 뿌듯하게 "주님! 주님! 감사합니다." 한다.

하필이면 만들기 힘든 무겁고 긴 의자라야 하는 데는 이유가 있단다. 혼자 앉을 수 있는 의자는 무서운 도구가 될 수 있기 때문이다. 조금 형이 중한 소년수 식당에서, 등받이 없는 동그란 나무 의자 다리에 모두 수갑을 채워 시멘트 바닥에 고정시켜 놓은 것을 본 기억이 났다. 교도소에서는 다 안전을 위해 수고를 한다.

빼빠질, 니스 칠 하는 재소자들은 그래도 뽑혀 나온 친구들이다. 특별히 짜장면 곱빼기와 커피로 수고에 대한 마음을 표한다.

"짱이죠?"

신나게 작업하고, 잘 얻어먹고, 새 의자까지 마련하니 얼마나 좋아들 하는지…….

긴 시간이 흘렀는데도 얼마 전 내가 웃음치료 특강을 하러 갈 때까지 견출지가 붙어 있다가 지금은 깨끗해졌다. 제 이름이 지워졌다는 말이지요. 주님, 찬미 영광 받으세요.

겨울빨래 수녀한테 걸렸니?

"겨울빨래 수녀한테 걸렸니?"

"그럼, 걸리고말고. 그 수녀는 못 말려."

"차라리 걸리는 게 낫다니깐."

사제들한테, 새로 온 김현남 수녀는 절대로 못 말리는 '겨울빨래 수녀'라는 닉네임을 얻었다.

지금이야 겨울에도 실내가 더워서 빨래가 쉽게 마르지만 옛날에는 종종 빨래가 얼어서 동태가 되기 일쑤였다. 그러면 3~4일 걸려야 겨우 빨래가 말랐기에 안 마르는 빨래를 겨울빨래라 했다. 어쩜 나에게 붙여 준 신부님들의 근사한 별명이 '겨울빨래 수녀'일까! 화끈하고 재미있다.

소문에 소문을 들으시곤 당연하다며 순서 있게 초대해 주시고, 주일 강론을 대신하라고 강론대에 올려 주신다.

성당 입구에서 신자들에게 볼펜 한 개와 후원신청서를 드리면 대부분 "네, 감사합니다." 하는데 소위 말하는 지성인처럼 생긴 이 몇몇은 휙 외면하고 들어간다. 그때마다 "소외된 이들을 외면하는 저들을 용서해 주세요." 하고 기도해 주곤 했다.

소개받은 내가 강론대에 올라가 마태복음 25장 36절을 읽어 내려가면서 말하기 시작한다.

"여러분! 여러분의 자녀를 잘 키우고 싶습니까? 학교 주변환경이 깨끗해야 여러분의 아이들을 놀이터에 내보낼 수 있겠지요. 놀이터를 깨끗하고 안전하게 만들기 위해서는 어떻게 해야 할 것 같습니까? 교도소 안에 있는 분들이 교화되지 않고는 절대로 깨끗해질 수 없습니다. 교화는 어떻게 됩니까? 독서로, 교리로, 성서로, 하느님의 말씀으로 교화시켜야 합니다. 교화는 그냥 됩니까?

이 수녀가 성물 판매소에 가지만 주렁주렁 매달려 있는 묵주도, 수없이 꽂혀 있는 성경책이나 영적 도서도 그림의 떡입니다. 여러분, 많이도 말고 1년에 성경 한 권만, 묵주 한 개만 사 주셔요, 네? 저는 그것을 온 정성을 다해 그분들께 전하겠습니다. 벌벌 떨지 마시고 드린 신청서에 한 달에 1000원만 기록해 주세요. 여러분의 주소는 내 컴퓨터에만 저장되지, 그 사람들에게는 절대로 알리지 않습니다."

난 컴퓨터를 모르는 수녀지만 그래도 자신 있는 어조로 이렇게 말한다.

이 정도에서 내 말이 끝나면 인자하신 본당 신부님께서 보충 설명하신다. "형제자매 여러분, 어서들 써 봐요. 주님께 드리는 선물입니다."라고 거들어 주신다. 신부님이 크게 한몫 보태 주시는 것이다. 이 얼마나 아름다운가?

소문이 소문을 물어 교구장(정진석 니꼴라오 주교)까지 알게 되었다. 사제 총회 때 "그 수녀 대단하지요? 맘껏 협조해 줍시다." 하신 말씀에 신부님들이 나를 보는 시선이 아주 달라졌다. 교도소 소임은 '후원회 활성화'로 인해 날로 발전하면서 관심도가 많이 높아졌다. 후원자가 2000명이 되면서 자금도 든든히 모아져 갔다. 주님께서 축복해 주신 덕분이다.

그런데 까탈스러운 신부님도 계셨다.

"5분만 말한다고 해 놓고 10분을 했어요. 짧게 하세요."

"수녀님 저기 저쪽, 가운데 가서 하세요." 하는 분도 계시고, 못마땅해하면서 '귀찮은 수녀야.'라고 생각하는 분도 계신다. 난 언제나 "네, 그렇게 하겠습니다." 하고 답하지만 속으로는 '와, 섭하다. 주님, 저 사제를 용서해 주세요.'라는 기도가 절로 나온다. 신자석, 해설자 자리도 아닌 곳에서 망신당하고 눈시울이 붉어진다. 그럴 때면 설명도 제대로 안 되고 '두고 보자, 이 신부야!' 하는 나쁜 맘까지 든 적도 있다.

며칠이 지났을까. 나를 박해한 사제에게 전화가 왔다.

"수녀님, 죄송합니다. 어려운 부탁 하나 드리려고요."

"네, 신부님, 말씀하세요."

"저희 본당 청년이 사고를 쳐서 청주교도소에 갔는데 한번 가 보려고요."

"그럼요. 그렇게 해 드리고말고요."

목소리를 차분히 깔면서 대답했다.

다음 날 인색하기 짝이 없던 사제는 두툼한 봉투를 내밀었다. 만 원권으로 50장을 흰 봉투에 담아 내 사무실로 오신 것이다. 다음부터는 두말없이 적극 후원해 준 것은 말할 필요도 없다. 좋은 일도, 언짢은 일도 주님께서는 다 알고 계신다. 이 정도만 얘기하겠다.

운동회도 있었다

운동회는 경기, 즉 경제 사정이 좋으면 봄, 가을로 연다. 가을 운동회가 개최되면 소장님을 비롯하여 내빈들이 재소자들의 뛰는 모습에 함께하며 하루를 기쁘게 보낸다.

우리 반 형제들이 선수로 나오면 어찌나 기쁜지 모른다. 형제들은 신문지로 모자를 접어 쓰고는, 운동장 바닥에 앉아 이쪽 단상을 바라보면서 자기들의 종교 지도자가 오셨나 한참 동안 눈을 떼지 못한다. 나를 보는 사람들에게 사뿐히 오른손을 들어 가벼운 인사를 한다. 아침이 싱그럽다.

특히 '손님찾기'가 인기 있다. 손님을 찾아 달리는 종목에선 이 수녀의 인기가 높아진다. 뚱뚱한 몸으로 수도복을 입은 채 나를 찾은 친구의 손을 잡고 수건을 휘날리며 달린다.

"천천히 가요, 나 넘어져!"

"네, 알겠습니다, 수녀님!"

한 바퀴 도는 데도 길게만 느껴진다. 하지만 신문지 모자를 쓴 형제들 앞을 지나갈 때는 아주 가까이 다가가 손을 빙빙 돌리면서 "야! 야!" 한 후 다시 뛰어간다.

이런 수녀의 모습에 온 운동장이 웃음의 장소로 변한다. 여자이기 때문에, 엄마 같기 때문에, 그리고 수녀이기 때문에 그들은 나를 좋아한다. "수녀님! 수녀님! 파이팅!" 하고 운동장을 채우는 소리는 목사님도, 스님도 부러워한다. 뛰는 게 아니라 절뚝거리며 걷는 게 맞는 내 폼 또한 즐거움을 주기에 충분하다. 맨 꼴찌로 들어와 상은 못 타지만 개선장군이나 된 양 포옹을 해 준다.

운동 종목에 40kg 되는 모래 자루를 들고 누가 오래 있나 겨루는 것도 있다. 대단한 장사들이다. 힘 좋고 잘생긴 청년들, 저들을 모두 하느님의 자녀로 만들 수 있다면…… 하는 생각으로 마음이 계속 혼란스럽다.

눈을 돌려 한 바퀴를 돌아다보면 같은 재소자들인데도 책상에 음료수가 놓여 있는 곳이 눈에 들어온다. 바로 소를 지도하는 그들의 보스들이다. 그들의 눈빛 하나로 2000여 명을 통솔하기도 하니, 소에서도 나름 대접을 해 주나 보다. 그 형제들과 시선이 마주칠 때는 손을 들어 주는 것뿐만 아니라 살짝 흔들어 시선을 끈다. 그들도 손을 살짝 흔들어 주는 것으로 답을 준다.

이런 나와 그들의 모습을 운동장에 앉아 있는 전 재소자들이 본다. 우리, 아니 나를 보고 있다는 말이 더 맞겠다. 그들의 시선을 느끼며 잠시나마 나도 보스가 된 듯 기세당당하게 앉아 있는 건 아닌가, 그런 착각을 하는 건 아닌가 경계한다.

운동회의 하이라이트는 역시 마라톤이다. 넓은 운동장을 15바퀴 도는 것이 마라톤 완주 코스란다.

김진연 형제는 해마다 뽑혀 마라톤을 한다. 완주 목표를 향해 달려가지만 '내가 왜 이 힘든 뜀박질을 해야 해? 그럴 이유가 없어.'라는 생각으로 다섯 바퀴만 달리다 포기하곤 했단다. 그런데 "진연아! 진연아!"하며 나는 운동장 안으로 뛰어들어간다. 수녀님 목소리~ 수녀님이시잖아~ 잇달아 자매님들 목소리까지……수녀의 음성이 들려 포기하려다 멈칫했다고 한다. 그날은 나까지 운동장으로 내려가 "진연아! 진연아!"하면서 15바퀴를 다 돌 때까지 소리소리 지르면서 응원했다.

진연이는 어디선가 자기 이름을 부르는 소리가 들리자 '와, 우리 천주교 식구들이구나.' 하는 생각이 들었다고 한다. 수녀님까지 "됐다, 됐어! 뛰자, 뛰자!" 하자 계속 달렸다. 그는 속력을 늦췄다, 당겼다 하면서 힘들지 않게 뛴다. 진연이의 단단한 체력에 감탄한다. 자그마한 체구의 진연이가 장하고 대견하기만 하다.

이 친구가 완주를 하곤 만세를 부른다. 그러고는 우리 공동체

열다섯의 나이로 처음 구치소에 수감 되던날..

가운 모포를 뒤집어 쓰고 얼마나 울었던가. 사회로 돌아가기만 하면..

학교로 돌아 가기만 하면.. 부모님 말씀 잘듣고, 공부 또한 열심히

하겠다고 다짐하고, 또 다짐 했었다.

그러나, 스물 여덟살이 되던 해에 나는 전과 18범의 흉악범이

되어 있었다. 훔치고, 빼앗고, 싸우고 ....

내 영혼이 악마에게 저당잡혀 있기라도 한듯. 오랜 세월을

소년원, 소년 교도소, 성인 교도소에서 보냈었다.

열심히는 살고 싶은데. 어떤것이 열심히 사는것인지 ....

착실하게 살고 싶은데. 어떻게 사는것이 착실하게 사는것인지

알려주는 사람이 없다.

그러던 어느날 청주 교도소에서 교도사목을 하시는 메리힐다

수녀님을 만났다. 흉악범들이라 두려울법도 하건만 항상

웃는 모습으로 나의 이름을 불러주었다.

그리고, 항상 용기없는 내게   진영아! 할수있다! 넌 무슨일이든

할수 있으니까 용기를 내고 희망을 가져라. 라고 힘을불어 넣어 주셨다.

어렸을때 다쳐서 한쪽눈을 잃은 나는 언제나 소심했다.

다른 사람들 앞에 서는것도 두려웠고, 무엇을 하는것도 두려웠다.

그러나 메릴린다 수녀님의 응원와 격려가 내 삶을 바꾸었다.

할수있다! 나도 할수있다 라는 수녀님의 강한 응원의 에서지를

받으면서 조금씩 조금씩 나는 변해갔다.

고도소에 있을때 마라톤에 도전할적이 있다.

항상 1등만 기억하고, 1등만 대접받는 세상에서 메릴린다

수녀님은 꼴찌로 뛰는 나를 응원해 주었다.

진연아 힘내! 화이팅! 다리는 풀리고, 숨은 턱까지 찼고...

포기하고 싶었지만 수녀님의 응원소리에 힘입어 나는 결국 완주

하였다. 작은 운동장 열다섯 바퀴를 완주한 것이지만 나는 이상부터

포기하지 않는 삶을 배웠다.

지금은 동생와 19년째 한 자리에서 PC방을 하고 있다.

힘든 세월도 많았고, 포기하고 싶을때도 많았지만 20년전

수녀님의 응원 소리가 아직도 생생하기에 나는 오늘도 묵묵히

걸어가고 있다. 메릴린다 수녀님의 응원의 목소리을 들으면서.....

로 와서 허리를 구부려 "고맙습니다." 인사한다. 흐르는 땀을 닦으며 제자리로 돌아가는 모습을 보며 학부형 노릇을 단단히 해냈다는 자부심을 느낀다.

운동회는 또 하나가 된 우리를 체험하는 자리이기도 했다. 경기 우승팀에게는 상품으로 라면 박스가 몇 개씩 지급됐다. 그것 역시 커다란 기쁨이고, 환성의 소리다.

지금 현재 진연이는 청주에서 19년 동안 동생과 작은 PC방을 운영하고 있으며 5층 건물까지 소유한 어엿한 40대 후반 사장이 되었다.

돼지고기 수육 열 점

이 수녀는 걱정이 하나도 없다. 떡값을 채워 주신 김웅열 신부님은 내 목소리만 들어도 집회에 필요한 것이 떡값인지, 생일잔치 상인지, 연중 큰 행사인 가을 운동회 자리인지 모두 알아차리신다. 교정 사목을 담당하셨던 분이라 서슴지 않고 현찰을 흰 봉투에 넣어 주시는 멋쟁이 신부님이다.

이번 교무과장님의 부탁인즉 이렇다.

"이번 운동회 때 돼지고기를 주고 싶은데요, 2000명에게 주는 분량이면 100만 원어치를 사면 다섯 점, 200만 원어치를 사면 열 점씩 먹일 수 있습니다."

"아 네, 애써 볼게요. 기도해 주세요."

또 돈이 필요해지자 이 집, 저 집 문을 두드린다. 당연히 김 신부님께서 한 장을 주셨다. '한 장은 벌었고, 나머지는 스님과 목

77   에피소드 1. 남자 교도소

사님께 부탁해야겠다.'고 생각하며 사목자 모임에서 두 분께 도움을 청했지만 무반응이다. '고따위 정신으론……' 속으로 흉을 보고는 다른 신부님께 도움을 청한다. 서정혁 신부님, 김원택 신부님 가슴팍을 두드린다. 조금 부족하면 보석당, 시계방 자매님께 가면 된다.

나눔은 부자라고 다 하는 게 아니다. '왜?'라고 하는 사람에게는 발에 먼지까지 털고 "잘 먹고 잘 살아라!" 하면서 다음엔 당최 안 가면 된다. 으레 도와주시는 분이 도와주신다.

이렇게 마련한 200만 원을 가방에 넣고는 교무과장 자리에 좌정하고 용도과 직원을 부른다. 의심 많은 나는 '혹시라도' 하는 마음에 담당자의 확인을 하게 한다. 정확한 액수임이 확인됐다. 220만 원을 건네주었다. 돼지 수육을 새우젓에 찍어 먹이라고 조금 더 드렸다.

뿌듯한 마음이다. 받는 것도 좋고, 주는 기쁨은 더 기쁘고 좋기만 했다. 난 이들을 늘 예수님들로 생각했기에 마냥 어미 마음이된다. 기쁨조로 배달부 노릇만 하면 되기 때문이다.

운동회 당일 방송이 나간다. 아주 낭랑하고 정확하게 "오늘 점심에 나오는 돼지고기는 천주교 김현남 수녀님께서 마련해 주신 겁니다." 한다. 두서너 번 방송이 나가자 이쪽저쪽에서 "감사합니다. 잘 먹겠습니다." 하는 인사를 듣는다. 최상의 만족한 표정들이었다. 나도 형제들과 작은 식당에서 돼지고기 편육을 새우젓에 찍어 무척이나 맛있게 먹었다.

그렇다. 범죄자들도 진정한 사랑 앞에서는 마음이 눈 녹듯이 녹아 버리고 새 삶을 살게 되는 것이다. 속마음의 표현은 그 사람의 얼굴에서 볼 수 있듯이, 여기서도 종교를 초월한 재소자들은 "무조건, 무조건이야!"라면서 천주교를 좋아한다. "천주교가 최고야!" 하는 마음과 소리가 점점 온 교도소를 교화시키는 중이다. 그것은 내가 하는 게 아니다. 하느님께서 순간순간 돌봐 주시는 손길로 인한 것이며, 나는 심부름만 하면 된다.

남에게 기쁨을 주는 사람은 천국으로 간다. 이 신념으로 사는 나는 마냥 즐겁다. 또 복음을 안고 지고 다니는 사람은 예수님께서 개입하시어 축복을 주신다는 것을 확신한다. 이 얼마나 아름답고 즐거운 일인가? 내일은 무엇을 먹을까? 걱정하지 마라. 내일 걱정은 내일에 맡기고, 오늘 최선을 다하는 생활이면 행복하다. 아멘. 알렐루야!

존경하는 재판장님!

내가 교도소 소임을 할 때 소위 말하는 건달들도 개중에 여러 명 있던 걸로 기억한다. 면담 중에 만난 한 젊은 청년에게는 자식이 있었다. 5살배기 사내아이였다. 그 친구 부친이 아이를 데리고 나에게 왔기에 알았다. 다행인 게, 그 친구는 과거를 잊어버리고 싶어 했고, 어느 정도 정리가 되던 때 나와 상담하기를 원했다. 그는 갑자기 앞에 놓인 책상을 빵 치며 이렇게 말했다.

"교도소가 이런 곳이라면…… 죄를 짓지 않았을 겁니다. 다시는 죄를 안 지을 겁니다."

인천 주안 시내를 주름잡던 친구였다. 성당을 쉬면서 딴 길로 들어섰던 이 청년은 수녀를 보면서 주님께 돌아가고 싶었던 모양이다. 그런 각오가 단단히 선 것 같은 느낌이 왔고, 나는 그것을 믿었다. 밑바닥 저 깊은 곳에 작은 신앙의 힘이 살아 있음을 볼 수 있었다. 시간이 좀 흘러 잊을 만할 즈음에 그 친구 부친이 내게 찾아왔다.

"수녀님, 우리 아들이 다른 건이 생기면서 인천구치소에서 추가 형을 기다리고 있어요. 수녀님께서 재판장님께 탄원서 한 장만 써 주셨으면 해서요. 염치 불구하고 부탁드립니다."

"아 네…… 그럴까요?"

아버지의 마음이 얼마나 타들어 갔을까. 얼마 전 그 친구에게서 들은 힘찬 각오며, 그동안 지낸 태도로 봐서 탄원서를 써 아비 손에 쥐어 주었다.

〈탄원서〉

존경하올 재판장님! 저는 박OO의 지도 수녀입니다. 이 친구는 평소에 교도소가 이런 곳이라면 다시는 죄를 짓지 않을 것이라고 다짐했습니다. 그가 책상을 힘주어 치며 각오를 단단히 하는 것으로 보아 틀림없이, 다시는 재범의 위험은 없을 것으로 믿습니다. 다시 신앙생활을 잘하리라 믿습니다.

존경하올 재판장님, 제 명예를 걸고 부탁하오니 크신 선처를 부탁드립니다. 죄송합니다. 그리고 감사합니다.

천주교회 김현남 수녀 드림

탄원서 전문이다. 생각 외로 재판장은 추가된 형의 선고를 면제해 주었다. 다시 청주로 돌아온 그는 지금 형을 무사히 마치고 저 멀리 부산으로 내려갔다. 전자제품을 파는 작은 점포를 운영하는데 내가 부산교도소로 형제들을 면회 갈 때는 귀여운 아들 손을 잡고 와서 인사를 한다.

"건강하게 잘 지내고 도와주는 일에 앞장서게나."

나는 그에게 당부했다.

지금은 무소식이 희소식이라고, 잘 지내고 있을 거라 믿는다.

7년이라는 완전한 숫자

성서에서 말하는 숫자 7은 완전하고 거룩하다.

88 올림픽을 앞두고 나는 오르간을 치는 소임을 받아서 1986년부터 영어 공부를 해야 하는 경우가 생겼다. 공부하면서 힘들 때면 가톨릭회관 푸른군대 사무실에 가서 성모님에 관한 책이며 메시지를 읽곤 했다.

하루는 푸른군대 회장님께서 "여기 오셔서 이태리에서 유학 중인 수녀님께서 번역한 성모님 메시지를 읽어 보라."고 하신다. 오늘 중으로 파티마 성모님 동 고상과 성모님 메시지를 김수환 추기경님께 가져다드릴 것이라 한다.

"처음 보여 드리는 겁니다."란 말을 염두에 두고 읽어 나간다. 첫 번째, 두 번째…… 또박또박 말씀하는 내용은 모두 열세 번째 까지 내려간다. 많이 잊어버렸는데, 기억하는 내용은 이렇다.

첫 번째는 1988년도가 너의 나라의 위기다, 그런데 철야 기도를 하는 영혼들이 많아서 위기는 면한다, 하시면서 기도를 부탁하셨다. 두 번째는 아직도 기도하는 영혼, 즉 성시간을 하는 영혼이 많이 부족하다는 것이었다. 여기를 읽으면서 두 번째 줄을 꼭 누르고는 '성모님, 저도 해 드릴게요.' 하고 성모님과 약속했다. 세 번째는 구체적으로 말씀하셨다. 죄인들이 죄를 짓는 시간이 밤 11시부터라 하시며, 11시에서 12시까지 기도하라는 말씀이었다. 세 번째는 바로 '세계 평화와 죄인들의 회개를 위해서' 기도하라는 것이었다.

다음은 성모님 특유의 부탁의 말씀으로 기억난다. 그때부터 〈성체조배〉라는 책자를 구해서 순서대로 성가를 부르고 묵상을 했다. 1986년 12월로 기억한다. 일찍 자고 11시에는 소성당에 자리 잡고 예수님과 함께한다. '이거 끝까지 할 수 있겠나?' 하는 의심도 들었지만 매주 목요일이면 추우나 더우나 자다 말고 성당으로 향하는 이 수녀의 손을 성모님께서 잡아 주셨다. 특별한 외출이나 사정이 있을 때를 빼고는 거의 거르지 않고 죄인의 회개를 위해 한 시간을 봉헌했다. 밤 12시가 되면 "내일 원아들 코 닦아 줘야 하니깐 예수님 갑니다." 하며 큰절을 하고 수녀원으로 돌아와 단숨에 잠이 든다.

나는 〈성체조배〉 책자에 잘 길들여져 가고 있다. 적어도 7년이라는 시간 동안 매일매일 책을 읽다 보니 무슨 말씀을 하시는지 외울 정도다.

도림동 성당에서 골롬반회 임 제랄드 신부님과 유 데니스 신부님 두 분께서 사목하실 때였다. 그분들은 관할 지역을 반으로 나눠 문래동 쪽은 데니스 신부님께서, 도림동 쪽은 제랄드 신부님께서 맡았다. 공평하게 지역을 나눠 그곳 관할 주임 신부를 확실하게 하시면서 멋진 사목을 하셨다.

나는 임 제랄드 신부님을 존경해서 자주 의논드리곤 했다. 청빈하고, 언제나 저녁을 안 드시고 그 돈을 저축하면서 우리 수녀들에게 가난해서 병원에 못 가는 사람을 찾아오라 하셨다. 그때 두 사람 정도 크게 도와드렸다. 한 분은 정신과 병으로 심각했었다. 그런 분을 꾸준히 도와주신 산 성인 신부님이셨다.

임 제랄드 신부님께서 어느 날 저녁에 문단속을 하다가 소성당에서 혼자 성체조배를 하고 있는 나를 보신 모양이다. 계속 지켜보시다가 어느 날 밤 현관문을 열고는 성당을 향하는 내 앞을 가로막으셨다.

"수녀님, 위험해요. 이 동네에는 불량아들도 있고, 혹시나 수녀님 신변에 안 좋을 수 있어요. 수녀원에 빈방이 있으면 제가 수녀님을 위해 감실을 준비하겠습니다. 작은자매수녀회 수녀님들처럼 감실 문을 열고 성체조배 하셔도 됩니다. 본당신부 허락입니다."

그러면서 '호스티아 성체를 준비하겠다.' 하셨다. 원장 수녀였던 나는 넓고 아늑하고 객실에서도 쉽게 조배드리러 갈 수 있는 내 방을 예수님 댁으로 기꺼이 내드렸다. 내가 구석에 있는 아주 협소한 방으로 침구를 옮기는 등 하루 이틀을 준비한 끝에 수녀원에 거룩한 감실이 마련되었다. 꿈인지 생시인지 모를 정도로 감사했다.

그날 밤 성시간은 한 시간을 호스티아와 함께 장궤한 채 그냥 그대로 성체만 바라보았다. 금방 한 시간이 흘러 큰절을 하고 "내일 또 뵙겠습니다." 한 후 잠이 들었다. 꿈을 꾸는데 거짓말 같은 환시를 보여 주셨다. 임 신부님이 미사를 집전하시는 장면이다. 성체 변화 시간에 성체가 사제 손에 높이 올려지는데 '와!' 양쪽 복사들이 있는 쪽 즈음에 살아 있는 대천사가 날개를 푸드덕거리면서 "거룩하시다! 거룩하시다! 거룩하시다!" 세 번을 노래했다. 성혈을 올리는 중에 또 "거룩하시다! 거룩하시다! 거룩하시다!" 하고 외쳤다.

천사가 "거룩하시다! 거룩하시다!" 노래할 때 우리 유치원 반 중 가장 어린 4세반 아이들이 엷은 분홍색 원피스를 입고 꽃바구니에서 장미 송이를 던지며 경의를 표했다. 이런 선물은 내 생전 처음 보는 장면이었다.

그때부터 지금까지 미사 때면 불편해도 두 손 모아 경배한다. 참으로 신비로운 선물을 받았으니 이 얼마나 행복한가? 성체를 뫼시러 갈 때나 뫼시고 자리에 무릎을 꿇을 때 기억할 분을 이때해 드린다. 아멘.

눈물겨운 모자 상봉

"재판장님! 이년이 시켜서 죽였을 뿐이오, 내가 주범입니다."

재판석에서 2심에서 발언한 사실을 그대로 받아들여 사형을 받은 아들은 15년형이 내려지고, 아무 죄도 없는 어미는 무기징역형을 받았다.

청주 여자교도소와 남자 교도소는 15척 담을 사이에 두고 있다. 어미와 아들이 지척에서 복역 중인 드라마 같은 현실을 지금부터 개봉하려 한다. 개봉박두!

여소에서는 거의 대부분의 재소자들이 약간의 복수심이라든가 미움을 드러내는 얼굴을 하고 있다. 대부분 기분이 좋지 않은 쪽이 많은데, 이 어미는 언제나 편안한 표정이었다. 인상이 좋아서 만날 때마다 "데레사 자매님!" 하고 두 손을 꼭 잡아 드렸다. 그때 나이로 50대 후반이셨다.

강원도가 고향인 이 어미는 교도소에 와서 세례까지 받았고, 아들도 의정부교도소에서 '돈 보스코'라고 세례를 받았다. 데레사 자매는 장사를 하면서 아들을 서울에 있는 대학까지 보낼 정도로 생활력이 강한 여자였다. 인품도 좋아 남편을 일찍 떠나보냈지만 시어머니를 지극정성으로 모시는 효부였다. 과부를 괴롭히는 좋지 않은 사내들도 있었으나 눈 하나 돌리지 않았다고 한다.

그런데 일이 터졌다. 어미가 겁탈을 당하고 재산까지 위협당하는 것을 아들이 알았다. 아들은 사촌형과 의논해서 귀찮게 구는 남자를 죽였다. 동산에 매장하던 중 재확인 총을 쏘아 암매장을 했으니 이것은 단연 사형감이었다. 두 사촌형제는 1심에서 사형을, 2심에서는 어미의 발언으로 15년형을 받았다.

어미는 무기징역형을 받고 청주여자교도소에서 수감을 잘하고 있다. 천주교 집회에 나올 때면 맨 앞에 자리 잡고 조용히 앉아 있다가는 다시 소로 들어간다. 예비자 교리반에서 그 어미의 세세한 스토리를 들었다.

하루는 그 엄마가 내 치맛자락에 매달려 간청했다.

"수녀님, 수녀님! 제 아들이 의정부교도소에 있다가 이제 청주교도소로 왔답니다."

지금까지는 '하늘 아래 어느 곳에 내 아들이 살아 있겠구나. 참 좋구나.' 하는 편안한 마음으로 살다가 의정부에서 청주로 이송

온 아들의 모습이 보이는 듯, 냄새가 나는 듯싶어 그리워 견딜 수 없다는 것이다.

스물여섯 살에 잡혀온 아들이 10여 년이 지난 지금 서른여섯이 되었겠다. 10년을 커 버린 아들 모습이 보고 싶고, 안아 주고 싶은 어미의 마음은 온 삭신이 녹아내릴 듯 애처로웠다. 그녀는 부들부들 떨면서 큰 '빽'이나 있는 듯한 내 옷자락을 놓지 않고 통곡한다.

"우리 아들 한 번만 만나게 해 주세요. 아들만 만나게 해 주시면 평생 잊지 않을게요. 네?"

갑자기 이런 말을 듣자 어안이 벙벙했다. 영문도 모른 채 즉시 남자 교도소 교무과로 달려갔다.

"교무과장님! 10년 만에 모자를 만나게 합시다." 하여 그 아들을 불러내 교무과에서 면담을 했다. 그 청년은 1급수 명찰에, 청색이 아닌 모범수가 입는 엷은 밤색 옷을 입고 나타났다. 청년이 "갱생!" 하고 거수경례를 하고는 "저희 어머니 안녕하십니까? 수녀님, 저희 어머니 좀 뵙게 해 주십시오." 하는데 두 눈에서 굵은 눈물방울이 뚝뚝 떨어진다.

"과장님, 우리 이 모자를 만나게 합시다."

"안 됩니다. 같은 소이면 가능하지만 소가 다르므로 법무부 장관의 결재가 있어야 합니다."

바로 이때다. 이런 기관에도 신자분이 있음으로 해서 기름이 칠해져 원활해지는 법이다. 마침 (남소) 소장님이 매일 미사를 하시는 분이므로 수녀님의 수고의 값으로 어려운 공문을 법무부에 상서해 주었다.

드디어 장관의 승낙이 떨어지면서 모자의 만남이 성사되었다. 남소에서 보안관 직원 2명이 함께 따라가서 어머니를 상봉하니, 이 얼마나 기쁘고 감격스러운 일인가.

"수녀님, 저는 최선을 다해 살면서 1급수를 땄습니다. 제가 빨리 나가 우리 어머니를 돌봐 드려야 하기 때문입니다."

그 후 아들은 2년을 더 살고 13년 만에 모범수로 출소 후 천안에 있는 사회적응기관에서 수업을 마치고 출소했다. 마지막으로 특별 면회를 부탁하기에 직원 휴게소에서 어머니와 30여 분 만났다. 눈물 없이는 못 들을 말이 오고 갔다. 어머니는 일반적인 당부를 했다.

"집에 가거든 할머니 잘 돌봐 드리고, 늦게 들어가지 말거라."

"네, 잘 알겠습니다."

아들이 다시 입을 열었다.

"어머니는 몸이 약하시니 겨울에 작은 뜨거운 물병이 오면 꼭 발치에 넣고 주무십시오."

"암, 올해부터 끼고 자고말고. 내 아들이 교도소에 있는 동안

이 어미만 따뜻하게 잘 수 없어 해마다 내 몫의 물병을 다른 사람
한테 주었단다. 이제는 내 아들이 따뜻한 방에서 자게 되니 이 어
미도 끼고 자고말고. 아들아, 고맙다."

아들은 어머니 손을 붙들고 "어머니, 어머니!" 흐느껴 울었다.
나도 얼마나 울었던지 면회하는 동안 내내 울음바다였다.

모성이 그리웠던 아들은 이렇게 말한다.

"수녀님, 저는 우리 어머니 때문에 이 목숨이 살아 있습니다."

주님, 이 모자를 어여삐 여기소서. 아멘.

가족 만남의 집

전국 교도소에 많은 곳은 아니지만 지정된 곳에 가족들과 하룻밤을 자는 곳이 생겼다. 어떻게 해서 생겼을까? 나도 궁금하기 그지없었다.

나와 아주 가까이에서 활발하게 일한 정형숙 교무과장과 최병록 소장님 두 분은 내 오른팔이고, 지금도 안부 전화를 하는 사이다.

홍성교도소에서 정 과장에게 들은 이야기다. 한 여자아이가 두 살 때 아빠가 교도소에 갔고, 어미 혼자 꽃 가게를 운영했다. 아이가 어릴 때는 '네 아버지는 훌륭하신 분이다. 멀리 돈 벌러 갔다.'고 하다가, 중학교에 갈 때쯤 해서 교도소에 갔다고 사실대로 알려 주었다. 드디어 면회의 길을 떠나 아빠와 상봉을 했다.

소녀는 플라스틱으로 막힌 창에 작은 구멍으로 난 스피커를 통해 아빠와 처음 만났다. 그 학생은 가슴에 무척이나 큰 아픔을 안고 집으로 왔다. 영리하고 용감했던 그 학생은 펜을 들어 소장님께 눈물 어린 사연을 드렸다.

"존경하는 소장님! 저는요, 오늘 처음 아빠를 만났습니다. 아빠를 참으로 뵙고 싶었습니다. 우리반 친구들은 아빠 어깨도 주물러 드리고, 발 마사지도 해 드리고, 업혀도 보고 한답니다. 제게는 동화 같은 일이었지만 저도 아빠에게 해 드리고 싶었어요. 저는요, 엄마를 따라 처음 가 본 곳에서 아빠 손 한 번 못 만져 보고, 볼 한 번 못 맞춰 보고, 안아 보지도 못한 면회 시간이 죽도록 싫었고, 이 세상이 왜 이렇게 되었나 하고 눈물만 보이다 왔어요. 소장님, 다음에는요, 우리 아빠 손 한 번만 만지고 올 수 없을까요?"

편지는 애절하고 가슴을 찢을 듯한 사연으로 채워져 있었다. 소장님은 정형숙 과장을 불러 '이럴 땐 어떻게 할까?' 의논한 끝에 죄는 무겁지만 가족까지 죽일 수는 없다고 판단했다. 하룻밤만이라도 가족을 만나 어깨도 주물러 드리고, 가슴에 꼭 껴안고 잘 수만 있다면 다시는 죄를 반복하지 않을 것이라 생각했다.

마당발인 나도 초대되어 동분서주, 그 넓은 교도소 땅에 펜션 하나를 지었다. 안방, 작은방, 부엌, 세면장, 작은 거실…… 이렇게 20평 정도의 조촐한 집이 꾸며지면서 가족을 만나 하룻밤의 추억을 만들 수 있게 되었다.

정말 모범수 중에서 선발되는 사람만 이곳에서 하룻밤을 지낼 수 있는 것으로 안다. 나라에서도 협조해서 짓고, 대부분 은인들의 도움으로 만들어지고 있다. 두말할 것 없이 교도소 전 직원들의 수고는 대단하다.

이런 가족 만남의 집이 많이 만들어지면 재범을 줄이고, 가족의 소중함도 일깨울 수 있는 큰 사업이 될 것이다.

겨울빨래 수녀한테 걸렸니?

에피소드 2
여자 교도소

이 루이제, 깊어가는 가을

영숙아, 영숙아!

　여자는 힘이 없을지 모르지만 모성은 그지없이 강하다. 내가 영숙이 엄마를 처음 만났을 때 그녀는 핍박받는 여린 여자였다. 만삭의 몸으로 포승줄에 묶인 채 끌려온 여인의 모습은 안타깝기 그지없었다. 무엇 때문에 여인은 저런 모습으로 왔을까? 이혼을 요구한 남편은 그녀에게 이렇게 말했다.

　"야! 니 배 속의 아이까지 없애."

　"당신은 나를 버리고, 이 아이까지 버리라고 하지만 나는 절대 아기를 포기할 수 없어요."

　아기를 포기할 수 없다던 그녀. 산달이 되면 으레껏 내 차례가 된다. 수녀회에서 운영하는 자모원 미혼모 시설이 임시 보금자리가 된다. 소에서 두 달의 휴가를 얻어 자모원으로 옮기고 분만을 한다. 교도소는 춥고 시설이 열악해 출산을 하기에는 위험도가 높기 때문이다.

미혼모 시설에서는 출산 후 아기를 포기하는 산모에게는 절대로 아기의 얼굴을 보여 주지 않는다. 아기의 얼굴을 본 후에는 차마 포기를 못 하기 때문이란다. 하지만 그녀는 결코 아기를 포기하지 않았다. 젖을 물리고, 아기를 보듬으며 지긋한 모성애를 나누었다.

두 달의 시간은 정말 빨리 흘렀다. 산후조리가 끝난 후 아기 영숙이는 어미를 따라 교도소로 돌아왔다. 우리 소 어멈들은 바깥 세상에서 아기를 데려가지 못한다면 18개월 동안은 교도소에서 키울 수가 있다. 어미의 젖이 말라 분유를 먹으면서도 영숙이는 잘 자랐다. 아기는 우리들에게도 천사였다. "영숙아, 영숙아! 우리 영숙아!" 하며 아기와 깊은 정을 쌓아갔다.

영숙이가 9개월이 되었을까? 영숙이 어미가 나에게 청을 한다.

"수녀님, 제가 9개월 후면 출소를 하는데요, 우리 애기 젖 좀 먹여 주세요."

순간 당황했다. 난 먹일 젖이 없는데 어떻게……? 당황한 마음을 내색 않고 사연을 물었다. 임시 입양을 하려면 아기 아빠의 승낙서가 있어야 한단다. 영숙이 아빠에게 연락을 해서 영숙이를 보러 오라고 초대를 하란다. 다행히 그가 면회를 왔다.

아기와 아빠가 처음 만나는 날, 철창 밖의 남자를 가리키며 "영숙아! 저분이 니 아빠란다." 했더니 "아빠? 아빠?" 하면서 다가간다. 흰색 플라스틱 가로막으로 막혀 있지만 영숙이는 아랑곳하지 않고 아빠에게 뽀뽀를 했다. 처음 보지만 혈육이 통한 것일까? 영숙이는 아빠의 마음을 단번에 사로잡았다. 남자는 그날 당장 영숙이를 집으로 데려갔다.

시간이 지나 어멈이 출소하면서 내게 당부한다.

"수녀님, 기도해 주세요. 우리 영숙이를 만날 수 있게요."

얼마 후 그녀에게 기별이 왔다.

"수녀님, 기뻐하세요. 영숙이를 만났어요."

그녀의 기뻐하는 소리에 나의 기쁨이 겹쳐진다. 결국 모성이 이겼다.

"주님, 모녀가 만나고 사랑하는 남편과도 재회하게 해 주심에 감사드립니다."

무청 시래기 커튼

나는 1종 보통 면허증을 갖고 있다. 덕분에 교도소 소임을 하면서 한국샤프전자 이관진 회장님의 크신 사랑으로 1톤짜리 트럭을 기증받아 동네방네 안 간 데 없이 달렸다.

눈에 띄는 대로 이삭줍기를 하기 위해 미원, 진천 밭으로 달려가 채소 거둬들이는 게 나의 일과였다. 여소 안의 예수님들을 먹여 살리려면 밖에 있는 복된 여인들이 어제도, 오늘도, 내일도 들판에 널리고 깔려 있는 채소를 주워 오면 되었기 때문이다.

한번은 진천에 있는 2만여 평의 다꾸앙 무밭에서 일주일 작업을 하기로 했다. 후원자 자매님들 다섯 분을 내 트럭에 모시고 밭으로 갔다. 이리 뛰고 저리 뛰며 무 이삭줍기 작업에 들어간다. 이틀은 무청을 한곳에 모아 놓는 작업을 했다. 또 이틀은 못생겨 남겨진 허리 굽은 무들을 뽑아 길옆에 쌓아 놓는다. 후원자 자매님들은 나의 열성적인 등쌀에 허리 한 번 못 펴 본다.

이제는 트럭에 실어 날라야 할 판이다. 트럭에 무청 한 잎, 무한 개라도 더 싣기 위해 원판 베니어에다 각목까지 챙긴다. 텐트며 짐을 트럭에 고정시켜 줄 단단한 굵은 고무줄도 챙긴다. 이때 형제 봉사자들이 있으면 따봉이지만 여인네들뿐이다. 이렇게 수확한 것들을 교도소까지 나르는 데 3일이 꼬박 걸린다.

마을에서 짚단을 얻어 추린 다음 트럭에 싣고 가서 무청과 함께 들여보낸다. 나이 드신 재소자 할머니 중에는 시래기를 엮을 줄 아는 분이 계신다. 꼼꼼하게 한 잎, 한 잎 엮어 내려가 들 수 있을 만큼의 크기로 만든다.

긴 겨울날 창이 없는 사이로 바람만 쌩쌩 드나드는 하염없이 길고 긴 재소자 복도에는 이미 시래기를 매달 수 있게 단단히 못질을 해 놓았다.

찬바람 잘 날 없던 긴 복도가 한 줄, 두 줄 엮어진 시래기들로 뒤덮인다. 을씨년스럽던 긴 복도는 이내 어두운 터널로 변해 버린다. 어두컴컴한 곳을 밝히려 군데군데 전기등까지 밝혀 놓으면 마치 대단한 작품처럼 보인다. 이름하여 '무청 시래기 커튼'을 드리운 집으로 변한다. 이렇게 무청으로 커튼을 드리우면 추운 겨울 눈보라가 들이칠 염려도 없다.

그 복도는 겨우내 시래기 양식 창고가 되기도 한다. 그걸 생각하면 뿌듯해진다. 아기들과 함께 지내는 어미들의 풍요로운 안식처도 된다. 시래기는 세찬 겨울바람에 얼었다 녹았다를 반복하며 꼬들꼬들 마른다. 설날이 되지도 않았는데 바삭바삭 소리를 낸다. 그러면 한 줄, 두 묶음씩 걷어서 시래깃국을 끓여 먹기 시작한다. 시래기의 영양소는 굳이 말할 필요가 없을 것이다.

긴 겨울이 지나도록 구수한 시래깃국을 먹으며 입이 마르도록 천주교 수녀님과 자매님들의 노고를 얘기한다. 말하자면 이야깃거리를 만들어 주는 복된 일이 된다. 특히 나는 여소 내 여성들에게 집에 계신 어머니를 떠오르게 하기 위해 동분서주, 심혈을 기울었다. 이곳 여소에서 많은 시간을 보내며 그들이 모성애를 잃지 않고, 또 그네들의 모정을 기억할 수 있기를 바라고 또 바랐다.

그녀들에게 떡 하나를 해다 줘도 맛있다는 호박떡, 대통령까지 좋아한다는 떡으로 했다. 값은 나가지만 그들에게 최고의 대우를 해 주면서 심성이 순화되기를 기도했다. 민감한 여성에게는 그들을 배려해 주는 것이 최고 인기를 끄는 덕목이기도 했다.

청주에 여자교도소가 있는 것은 대지도 넉넉하지만 물 좋고 사람들이 순하고 교육도시이고 양반 도시라 이들의 순화를 위해 청주를 택하지 않았겠나, 내 나름대로 생각해 본다.

오늘이 천국이구나

여자 교도소에서도 가을 운동회를 개최한다. 여소에 7공장까지 있는데 운동회 때면 공장 대항을 한다. 이날은 하늘까지 치솟는 목소리로 응원가를 부른다. 응원 대항을 할 때는 '오늘이 천국이구나.' 하는 것을 느낀다. 공장에서 굳은 정, 잔정, 미운 정이 들고 한솥밥을 먹으면서 자매처럼 지내다가 팀 대항을 할라치면 소리소리 지른다. "이겨라! 이겨라!" 외치는 함성이 15척 담 너머 남소까지 들리기도 한단다.

무명 가수들은 이날 잘 꾸미고 와 뒤풀이를 해 주고, 장기가 다분한 여자 재소자들은 기량을 펴기도 한다. 장기자랑 때는 한가락 놀던 친구들이라 최상의 음악과 춤을 선보인다. 장기자랑 시간이 되면 중환자 몇 분만 빼고 소 내에 있는 사람이 콧바람 쐬러 모두 운동장으로 나와 즐겁고 경쾌하게 하루를 보낸다. 최상의 기분 좋은 날이 가을 운동회 때다.

어느 해인가는 초코파이를 기적적으로 공급하기도 했고, 귀해서 못 먹는, 그러나 공장에서 난로나 다른 것을 이용해서 라면도 먹는다. 이때 먹는 라면은 당연 최고의 상품으로 꼽힌다.

최상의 날

각 종파에서 연 1회 정도 수고와 봉사를 해 준 것에 대한 감사로 생일파티를 연다. 몇 개월을 기다린 파티 날이다. 그때는 노래방 기계도 나오고, 맘껏 차려 온 음식을 나눌 수 있어 마음까지 함께 들떠 있다. 오전 11시에 소에서 나와 2시 정도에 다시 들어가는, 최상의 날이기도 하다.

나는 당일 비싼 찰흙오리구이를 해 갔다. 찰흙을 발라서 구운 오리고기는 기름이 쪽 빠지면서 나긋나긋한 고기 맛을 낸다. 그뿐인가. 갖은 재료가 들어가 영양도 100점이고 먹기도 좋다. 오리고기는 한참 만에 먹는 거라 둘이서 한 마리씩 먹게 하면 많이 먹을 수 있다. "수녀님, 고맙습니다."라고 인사를 할라치면 난 말한다.

"찰흙가든 주인 두 분께 감사하세요."

열 마리 시키넌 비싼 데도 세 마리를 봉헌해서 보내 준다. 그러면 맘껏 먹을 수 있어 기분이 엄청 좋다.

고기를 다 먹고 나면 2차로 노래방 기계로 선곡해서 모두 한 곡씩 부르게 한다. 끼가 다분한 사람들이기에 자기 18번을 멋지게 부르곤 한다. 개중에는 자기 세상 만난 듯 도무지 마이크를 놓지 않는 비양심의 소유자도 있다. 그럴 땐 교도관들의 고민이 이루 말할 수 없다. 빼앗자니, 그렇고……. 나는 비상이 걸렸다. 예서 멈추면 도도, 개도 아닌 것이 된다.

고심 끝에 좋은 생각이 났다. '나도 노래 한가락 하니 같이 부르자.'며 마이크를 내 손에 들어오게 해야지, 생각하면서 사전 운동을 벌이기 시작한다. "어이, 자매님!" 살짝 뭔가 속삭이듯 "다음에는 누구를 시킬까요?" 하면 이구동성으로 "아무개가 잘해요." 한다. 그럼 영특한 자매님한테 가서 의논하는 척 넌지시 지시를 한다.

"'누가 부를까요?' 하면 즉시 뛰어나와야 해요, 네?"

확답을 듣고는 서서히 욕심쟁이 자매 앞에 바짝 다가가서 말을 걸기 시작한다. "'감수광' 부를 수 있어요?" 하고는 둘이 멋지게 노래를 부른다. 내 손을 그 자매의 어깨에 올리면서 서서히 마이크를 쥐고는 강하게 빼앗듯이 잡아챈다. 결국은 내 손에 온통 마이크가 잡혔다.

"와, 정말 잘 불렀어요!"

나는 그녀의 노래 실력에 칭찬을 아끼지 않고 모여 있는 사람들에게 말한다.

"이 마이크가 날이면 날마다 오는 게 아니죠. 주저하지 말고 다음 노래 부를 사람 뛰어나와요."

준비된, 그리고 선정된 자매가 용감하게 나왔다. 박수갈채가 터져 나오고, 선곡한 곡을 멋지게 부른다. 하지만 그날은 운이 나빴다. 한 사람이 여러 곡을 부르는 바람에 전체 재소자들이 다 못 불렀다. 그 여자는 누구 하면 온 국민이 다 아는 사람이다. 세상에서도 꼴통, 그 안에서도 꼴통 같은 여자다. 자기가 먹은 밥그릇도 자기가 닦지 않고 다른 사람의 손으로 닦게 한다.

이 버릇을 고치기 위해 머리를 짜냈다. 그때만 해도 우리나라에서 처음 탄생한 여자 교무과장을 통해서였다. 그녀는 예리한 사고의 소유자였다. 여자 교도관에게 이런 얘기를 했다.

"설거지를 해 주게 하지 마십시오. 설거지를 하지 않으면 자기가 먹은 밥그릇을 수저로 박박 긁어서 밥찌끼만 버리고 그 밥그릇에다 다시 밥을 퍼서 먹게 하십시오."

먹었던 그릇을 씻지도 않은 채 그 그릇에 다시 먹게 하는 수치스러운 광경이었다. 그녀는 갖은 욕을 하더니 결국은 자기 손으로 설거지를 하기 시작했다.

갖가지 사연을 갖고 들어오는 이곳, 보이지 않는 싸움에 속을 태우는 교도관들이 불쌍하기까지 했다. 나는 어쩌다 들어가지만 여소라 거의 다 여자 교도관이다. 남자 교도관은 많지 않은데, 혹시 비상사태를 감안해서 눈에 띌 정도만 보인다. 남소처럼 이송하는 일도 거의 없다. 그러나 엄격한 규율 때문에 질서는 잘 유지되는 것 같다.

일일 과장

외부에서 개입하는 문제는 거의 없지만, 재소자의 큰 잘못으로 징벌을 받아야 할 경우가 생기면 그럴 수 있다.

이 재소자는 30대 중반의 거칠기 짝이 없는 안하무인인 여자다. 죄명은 사기다. 밖에서 이 다방, 저 다방 다니며 선금을 받고 며칠 일하는 척하다 먹고 떨어지는 질이 좋지 않은 여자다.

주 1회 불을 지펴 물을 데운 뒤 목욕을 하는데 재소자들이 장대같이 줄을 서서 차례를 기다릴 참이면 이 사람은 서슴지 않고 새치기를 해 버린다. 경고를 받으면 교도관에게 욕지거리를 한다. 업무방해를 거듭할 때는 다시 그 안에서 재판을 벌인다. 그쪽을 변호하는 동료 변호사도 선정한다. 재밌다.

나는 이런 일이 있을 때 한두 번 일일 과장으로 선정되어 네다섯 명의 실무 과장들, 소장 그리고 죄를 지은 사람, 형식적인 동료 재소자 변호인과 법정을 연 적이 있다. 길면 한 시간이 넘을 때도 있다. 초대받은 일일 과장 앞에는 으레 그 사람의 인적 사항이 놓여 있다. 바로 아까 말한 죄명들이다.

출석한 그 사람은 나에게 은밀한 시선을 보내며 '잘 부탁해요.' 하는 미소까지 짓는다. 드디어 소장님이 입을 열어 훈계를 하고, 과장들의 소견을 참고하기 위해 각각 질문을 한다. 해 봤자 뻔하다. '땅땅!'이다.

"마지막으로 김현남 과장님의 의견을 들어 보겠습니다."

나는 이렇게 풀어 나간다.

"제가 수녀원에서 잘못을 저지를 때, 예를 들어 그릇을 깨뜨린다든가, 빨래를 태웠다든가 할 때죠. 잘못을 기억하고 다시는 같은 것을 반복하지 말라는 뜻으로 벌이라기보다 생각을 많이 하라고 길 때는 며칠 동안 밥상에 놓고 있을 때도 있어요. 흔하지는 않지만요. 저도 한 번 예쁜 화병을 깨서 보속을 받은 적이 있습니다. '다시는 반복하지 말아야지.' 하는 시간이거든요.

자매님께서도 잠시 쉬면서 무엇이 어떻게 잘못되었나 생각하는 시간을 가졌으면 하는 생각이 듭니다. 반복적으로 잘못하는 것을 이곳에서 바로잡았으면 해요. 세상 밖에 나가기 전에 아주 뿌리를 뽑지는 못하겠지만 잘 생각했으면 하는 뜻에서 징벌이라기보다 공부하는 시간을 갖고, 좋은 책도 읽으셨으면 합니다."

결국은 나도 징벌 쪽을 택했으므로 그녀는 만장일치로 여러 주간을 혼자 지내게 되었다. 그러고 난 후 마음이 아프다기보다 '큰일 났구나. 저쪽에서 나에게 보복이라도 하지 않을까?' 하는 걱정으로 불안하기 짝이 없었다. 말은 그럴듯하게 했으나 경험 없는 수녀는 하루하루가 부담스러웠다.

시간이 흘러 천주교 집회 때 드디어 그 자매가 처음으로 모습을 보였다. 가슴이 콩콩 뛰기 시작했다. 하지만 어쩌랴. 불안한 마음과 달리 "반가워요. 고생 많이 했지요?" 하고 두 손을 잡아 주었다. 그녀의 입에서 뜻밖의 말이 나왔다.

"수녀님, 고마워요. 감사합니다. 수녀님 말씀대로 많은 것을 생각했습니다. 수녀님 말씀이 맞았어요."

그녀가 환한 웃음을 지으며 "이제부터 성당에 다닐 겁니다. 수녀님의 설득력 있고 확신에 찬 말씀이 가슴 깊이 들어왔습니다. 수녀님, 사랑합니다." 하는 게 아닌가.

거짓이 아닌, 아부가 아닌, 있는 그대로 말한 것이 그 자매에게 도움이 되었나 보다. "주님, 당신의 성령께서 제 입을 통해 말씀하셨습니다. 아멘."

우리 심청이 젖 좀 먹여 주세요!

　지금쯤 엄마 품에서 대학교를 다니고 있을 ○○가 천주교 가정에 임시입양 갔다가 생모 품으로 돌아간 이야기다.

　아직 아동심리학이 발달하지 않았을 때는 아이들이 교도소에서 유치원도 다녔다고 한다. 교도소에서 태어날 수도 있고, 어미 포대기에 싸여 들어온 아기들은 그대로 엄마와 함께 지내게 했다는 말이다.

　지금은 아동심리학 등 학문이 발달하면서, 18개월이 되면 사물과 사람을 분별하는 능력이 생겨 '이상하다. 엄마들이 왜 똑같은 옷을 입을까?', '왜 문이 잠겨 있나?' 하는 생각을 할 수 있다는 것을 안다. 그리고 답답하기 때문에 울기도 많이 운다. 그래서 교도소에서는 아기를 내보내는 것을 원칙으로 한다. 대부분 친정 식구들이 아기를 데려가는데 그러지 못할 경우 입양 대기자들이 아기를 아주 데려간다.

교도소 안에서 우유를 먹여 키우며 같이 웃고 울며 정이 푹 든 아기를 친정 식구, 시댁 식구가 데려갈 때는 상관없지만 입양으로 누군지도 전혀 알 수 없는 딴 사람에게 갈 때는 차마 눈 뜨고 볼 수 없는 상황이 벌어진다. 아이는 "엄마, 엄마!" 하며 안 떨어진다고 울고, 엄마는 "○○아, ○○아. 안 돼!" 하며 발을 동동 구른들, 법 앞에서는 소리도 못 지르는 게 현실이다.

이 수녀는 유아교육을 공부하고 수백 명의 어린이를 키운 마음이라 그런 일이 도저히 용납이 안 되어, 이왕 몸을 바쳤으니 죽기 아니면 살기로 한번 해 보자 결심했다. 젖동냥을 해서라도 잠시 입양했다가 어미가 출소하는 날 함께 보내야겠다는 결심을 굳혔다.

○○이가 16개월 되던 날, 교도소에서 가장 가까운 수곡동 성당으로 갔다. 그날은 우연히 후원회 모금차 주임 신부님 허락하에 강론을 하려던 주일이기도 했다. 수곡동 본당 주임 신부님은 우리 교도소 지도 신부님이신 김원택 신부님이셨다. 후원금 모금을 위해 주일 강론을 기꺼이 승낙해 주신 덕분에 강론대에 올랐다. 하지만 후원금은 뒤로하고 심청이와 그 엄마 얘기를 꺼내들었다. 강론 시작부터 눈물이 앞을 가려 목멘 목소리로 차분하게 호소력 있게 말씀을 드린다.

"형제자매 여러분, 우리 심청이 젖 좀 먹여 주세요. 어미 품에 있던 심청이가 팔려 갑니다. 아주 멀리요. 아기는 영문도 모릅니다. 여러분들이 키워 주세요.

안 키워 주신다면 이 수녀는 이 아기를 업고 서울로 올라가야 합니다. 서울에는 사람들이 많이 살기 때문에 혹시라도 키워 준다고 할까 해서요. 그런데 우리 심청이가 엄마 보러 청주까지 오면서 차멀미하면 어떻게 해요. 엄마 보러 올 때 기본요금 나오는 수곡동이면 참 좋겠어요. 일주일에 한 번만 보러 간다고 해도요. 이 본당이면 참 좋겠어요. 네?"

성당이 졸지에 눈물바다로 변했다. 신자들 태반이 울고 또 울었다. 미사가 끝나고 놀란 사실은 아기를 키워 주겠다고 나선 자원병이 8명이나 줄을 선 것이다. 신부님께서 퇴장하시면서 내 귀에 대고 "모니카 자매님께 부탁하세요." 하셨다.

한 분, 한 분께 감사하다고 인사드리는데 세 번째로 모니카 자매님이 내 앞에 섰다.

"수녀님! 저요, 아기 키우는 선수예요. 딸이 둘인데, 하나는 대학생, 하나는 초등학교 교사예요. 자모원에 아기 한 명 입양 신청을 했는데 보류해도 됩니다."

"감사합니다. 남편 형제님과 내일 다시 뵙겠습니다."

다른 자매들도 "이 자매님께 맡기세요." 하면서 자리는 순식간에 웃음바다가 됐다. 어찌나 감사하고 기뻤던지!

며칠 후 서류 제출을 마치고 처음으로 아기 면회를 갔다. 정이 드는 데도 두 달 정도는 돼야겠기에 두 달을 앞두고 면회를 일곱 번 갈 계획이었다. 망아지도 갑자기 엄마를 떠나면 "엄메! 엄메!" 소리 내며 우는 법이라 모니카 자매님과 형제분께 장난감 인형과 맛있는 간식을 준비하게 해서 첫 번째 면회를 아주 특별한 곳에서 했다.

내가 이렇게 소개를 한다.

"○○아! 이 엄마는 학교 엄마야. 이 아빠는 학교 아빠야! ○○이 보러 또 오실 건데, 좋아?"

"응, 응."

생긋 웃는다.

맨입으로는 꼬실 수 없는 법, 안기기도 했다. 이렇게 주 1회 찾아갈 때마다 아기 친구들 간식에 장난감까지 준비했다. ○○이는 벌써 "아빠! 엄마!" 하면서 뽀뽀도 한다. 두 달이 눈 깜짝할 사이에 흘렀고, ○○이가 밖으로 나가는 날이 되었다. 아기는 "엄마, 빠빠이!" 하면서 손까지 흔들고 학교엄마, 학교아빠 품에 안겨 출소를 했다. 교우가 운영하는 소아과 병원에 들러 무료 진료 선물까지 받고 임시 입양이 됐다.

형제님은 장날 때면 이 장, 저 장으로 소금을 팔러 다니는 바쁘신 분이다. 성인처럼 인자하신 두 분은 ○○이를 애지중지하며 있는 정, 없는 정 들여 곱게 곱게 키웠다. 그리고 일주일에 한 번은 엄마가 아기를 보고 싶어 할 거라며 꼭 면회를 갔다 온다. 본당에서는 생일 때 자매님들, 신부님, 수녀님들까지 생일 파티며, 간식이며, 필요한 여러 가지를 지원해 주서서 풍족히 살았다.

아이는 깡충깡충 뛰면서, 또 언니들이 가르쳐 준 노래도 부르면서 3년이라는 시간을 보냈다. 그들이 정말 친딸, 친동생처럼 잘 돌봐 준 것이다. 문제는 정이 들어 "그 어멈이 잘 키울까요?" 한다. 모니카 자매는 서운한 마음에 어멈이 출소하는 날 내게 아이를 부탁했다.

"수녀님이 데려가세요."

"자매님, 우리 유종의 미를 거둬야죠. 터미널까지 같이 가요. 그 어멈과 아이를 태운 고속버스가 떠날 때 손 흔들어 주자고요."

이 부부는 순명 정신으로 함께 터미널까지 갔다. 아이가 떠나는 고속터미널은 울음바다였다. 그 후 자매님은 소식을 끊고, 자신들이 할 일을 했을 뿐이라고 한다. 주님의 축복을 받았을 지금, 손주들을 보며 잘 지낼 것으로 믿는다.

모니카 자매님 그리고 형제님, 정말 고맙습니다.

거울·빨래 수녀한데 걸렸니?

에피소드 3
미평고등학교(소년원)

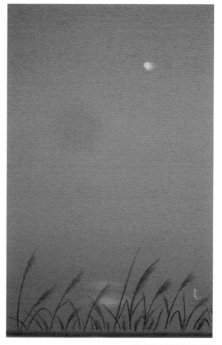

이 루이제, 내 마음의 반영

초코파이 기적

1997년도에 소년원의 활성화를 위해 나도 생활관으로 투입되어 200여 명이나 되는 소년수들과 이곳에서 지내기로 했다. 하지만 속으로 이 친구들에게 초코파이를 어떻게 줄까 고민이 앞섰다.

세 기적 중의 하나인 초코파이를 마련해 주신 예수님, 이것도 다 그날그날 필요한 날에 주시지, 내일로 미루시는 분이 아니다.

생활관으로 처음 들어간 그날 저녁 9시, 잠자리에 들 준비를 하고 있던 시각에 전화벨이 울린다.

"수녀님, 안녕하세요? 지금도 초코파이가 필요하십니까? 저희 서운동 성당에 오셔서 강론하시며 '천주교회는 떡은커녕 초코파이도 없습니다.' 하실 때 저희 부부는 울었습니다."

자기는 매일 초코파이를 대하면서 수녀님께 그거 하나 못 드렸다니, 너무 마음이 아팠다는 것이다.

"형제님, 이 세상 마칠 때까지 이 수녀에게는 초코파이가 필요합니다. 고맙습니다."

"내일 저희 회사에 들러 주시겠습니까?"

짧은 통화였다. 서청주에 공단이 있다는 것도 모르던 때였다. 전화를 주신 분은 오리온 초코파이 공장장이었고, 나를 안내해 간 곳은 러시아로 수출하는 소형 초코파이를 만드는 곳이었다. 자그마하고 예쁘게 생긴, 한입에 쏙 들어가는 수출용 초코파이였다.

17년 동안 초코파이만 구웠다는 공장장은 오히려 나에게 고맙다고 인사하면서 "수녀님, 이걸 팔면 안 됩니다."라는 주의 사항을 잊지 않았다.

사실 해마다 수출하는 양의 10분의 1을 남겨 불우시설을 도와주었는데 한 보육시설에 간 초코파이가 구멍가게에 나온 적이 있단다. 그 말을 듣고 달려간 곳에서 "시중에서 이런 과자를 본 일이 없어 신고가 들어왔다."고 했단다. 수녀님이 그럴 리는 없겠지만 그런 사례가 있어 당부한다는 것이었다. 나는 "네, 명심하겠습니다."라고 인사하면서 속으로는 '팔아먹을 게 어디 있담.' 하는 생각이 솟구쳤다. 공장장이 "현지답사를 해도 되겠습니까?" 한다.

그와 함께 소년원의 미평고등학교로 갔다. 한 바퀴를 돌고 온 그분들은 과자 저장 창고로 갔다 오면서 손가락으로 "따봉! 따봉!"을 외친다. 신선도가 좋았다. 저장창고에 만족들 했다.

"내일 당장 트럭을 보내 주십시오."

2톤짜리 트럭이 공장으로 갔다. 트럭 가득히 실려 온 과자가 창고에 4분의 1 정도 채워졌다. 어찌나 좋은지 날아갈 것만 같았다. 일주일 후에 핸드폰이 울린다.

"수녀님, 초코파이 다 먹이셨어요?"

"형제님, 1년 내내 먹이려고 아껴서 주고 있습니다."

"3일 동안 다 주십시오. 또 드릴 겁니다."

어찌 이런 일이! 나는 학교측에 부탁했다.

"과장님, 검정고시반 아이들에게도 초코파이를 넉넉히 먹여도 되겠습니다. 더 준답니다."

내 목소리에 날개를 달았나 보다. 초코파이를 공급해 주시는 주님이 고마울 뿐이었다.

사실 1995년도는 남소 활성화, 1996년도는 여소 활성화, 1997년도는 미평고 활성화의 해로 잡았다. 1997년 2월이 시작될 즈음 교무과에 가서 따지기 시작한다. 마침 열심인 교우 과장님이 계실 때였다.

"과장님, 제비를 뽑아서 교실을 배당했다면서요? 개신교는 생활관으로, 불교는 중교실, 천주교는 20명밖에 못 들어가는 작은 교실로 정했다면서요? 이 수녀가 말씀드립니다. 제비를 다시 뽑든지, 천주교도 생활관에 들어가게 해 주는지 해 주세요."

내가 생각해도 약간의 억지가 묻어나는 소리였다. 그런데도 과장님이 순순히 대답해 주신다.

"수녀님께서도 생활관에서 집회를 하신다면 그 얼마나 좋겠습니까? 다음 집회는 200명 모이는 생활관에서 하십시오."

막상 큰 생활관을 집회 장소로 확보했지만 부담스러운 것도 사실이었다. 문제는 '많은 친구들이 집회에 오면 초코파이는 누가 대지?' 하는 것이었다. 당시 내게 닥친 큰 숙제이기도 했다.

집회 전에 사탕을 들고 생활관으로 가 봤다. 맨 뒤쪽 자리에 두 손으로 귓구멍을 가리고 앉아 있는 친구들이 보였다. 마치 '저 우상숭배 수녀가 왜 들어왔지?' 하는 것 같았다. 부정적인 모습을 노골적으로 보여주는데 눈물이 왈칵 솟았다. '이놈들의 초코파이는 어떡하지?' 말문이 막히고 눈물이 쏟아졌다.

하지만 예수님은 나를 오래 외면하지 않으셨다. 용감하게 생활관에 들어간 내게 예수님께서는 "수녀야, 걱정 마라. 내가 있잖니?" 하시면서 오리온 초코파이 회사를 붙여 주신 것이다. 이것이야말로 기적이 아니고 무엇일까.

4일 만에 다시 공장으로 갔다. 지게차 뒤를 따라 공장 안까지 들어간 나는 뒤로 넘어질 뻔했다. 어마어마하게 남겨 둔 과자를 여러 시설이 아닌, 소년원 한곳에 보내기로 했다는 것이다. 이렇

게 많은 초코파이를 먹은 아이들은 "수녀님 최고! 천주교회 최
고!"를 외쳤다. 따봉이다.

　다음 해에도 나는 공장장을 찾아 "러시아로 못 간 초코파이 고
아는 없나요?" 하니 공장장 왈 "네, 올해는 베베과자로 드리겠습
니다." 하며 웃으며 대답한다. 물론 모두 배불리들 먹었다. 아멘.

미술치료 수업

청소년들에게는 특성이 있다. 특히 남학생은 수줍음을 많이 타고, 자기표현이 안 되는 시기이다. 더군다나 이곳에 있는 아이들은 학교에서 퇴학당하고 죄의식으로 입을 다물고 있는 경우가 많았다.

생각 끝에 나는 대구대학교에서 주최하는 여름학기 미술치료를 4회 수강했다. 미술을 전공한 선생님의 도움을 얻어 우리 학생들과 면담할 때 미술치료를 해 보기로 했다.

우선 전체 학생에게 집, 나무, 사람을 그리게 했다. 그리고 미술치료에서 배운 것을 응용해 대화를 좁혀 가며 심리적으로 어려움을 겪는 학생들에게 조금이나마 용기를 주곤 했다.

다 그런 것은 아니나 통계에 의한 진단을 갖고 접근한다. 예를 들어 나무를 그렸을 때 기둥에 옹이를 표현한 아이가 있다고 치

자. 나는 그것을 17등분해서 상단으로부터 15정도의 자리에 옹이가 있다면 "자네가 15세 때 걱정과 고민이 많았겠다." 하고 말을 시작한다. "네." 라든가 "어떻게 아셨어요?"라고 반응하면 "신기해요?" 하면서 흥미를 느낄 수 있게 대화를 풀어 나간다. 그들은 콜라주로 자신들의 희망을 표현하기도 했다. 전부는 아니더라도 이런 시간을 통해 많은 도움을 주었다고 생각한다.

내 자랑 같지만, 나는 이곳에서 미술치료 선생님으로 또 한 번의 인기를 구가했다. 미술을 전공한 자매님과 같이 수업을 했다.

나는 특히 개신교 아이들이 가지고 있는 성모님에 대한 부정적인 부분을 어떻게 알릴까에 중점을 두었다. 한 달 내내 특강 강사를 초청해서 이 부분에 대한 이해를 주기도 했다.

강사 이름은 기억이 안 나지만 개신교 신자였다가 결혼하면서 세례를 받고 천주교에 입교한, 그래서 청주교구에서는 여러 곳에서 특강을 하신 분이다. 그분이 성모님에 대한 생각을 바꾼 것 역시 은혜로 생각된다.

그분이 강릉 출장을 갔을 때 임당동 성당을 지나는 길에 문이 열려 있어 들어갔다고 한다. 토요일이었고, 성당에 들어갔을 때 수녀님이 제대에 꽃을 꽂는 중이었다. 한 아름의 꽃과 제대 중앙에서 꽃을 꽂으시는 모습을 보는 순간 '아! 성모님이 살아 계신다면 저런 모습이 아닐까?'란 생각이 들었다고 한다. 순결한 모습이 그려지면서 한평생을 주님을 위해 봉헌한 성모님이 마음으로 들어왔다고 한다.

성당 뒤편에서 머리를 숙이고 한참이나 앉아 있었다. 그러면서 '순결하고 고귀하신 성모님을 왜 의심하고 있는가?'란 생각이 들었다. 그분은 '지금부터 성모님을 위해 연구하고 공부하겠습니다.' 다짐하곤 성모님에 관한 서적을 읽기 시작했다. 그분의 성모신심은 그 어느 교우보다도 넓고 깊었다.

그분은 이렇게 성모님을 소개하였다.

"학생 여러분, 세계에서 많이 팔리고 가정마다 다 있는 책이 성경책입니다. 외국에서는 딸이 출가할 때 이 성경을 빠뜨리지 않고 꼭 챙겨 주는 관례까지 있습니다. 왜 그럴까요?

이 세상을 창조하시고 다스리시는 주관자인 하느님 아버지의 말씀이 실려 있는 책이기에 베스트셀러가 된 겁니다. 또 하느님을 믿는 사람이 몇 년 동안 돈을 모아 두었다가 비싼 돈을 들여 성지순례를 가는 이유도 그곳이 하느님께서 축복해 주시고, 하느님의 아드님이 탄생하시고 활동하신 곳이기 때문입니다. 우리를 위해 돌아가시고 다시 살아나시어 하느님 오른편에 앉아 계신 예수님이 활동하시던 곳이기에 모든 이들이 그곳을 찾고 또 찾는 겁니다. 어디 그뿐이겠습니까. 종교가 없는 사람들까지 가는 곳이

기도 하지요.

또 말할까요? 이렇게 지엄하신 하느님께서 특별히 선택하신 분이 바로 마리아입니다. 외아드님이신 예수그리스도를 잉태하신 배는 정말로 복되시며, 여인 중에 장하신 분이기에 성모님이라 불러 드리는 겁니다. 성교회에서는 일반 마리아가 아니고 성모마리아라고 칭합니다.

하느님께서 특별히 선택하셨지만, 처녀의 몸인데 받아들이지 않았다면 어떻게 되었겠습니까? 놀란 성모마리아께서는 하느님께 절대적으로 "예."라고 순명하셨기에 독생성자 예수님을 이 세상에 보내실 수 있었던 것입니다.

예수님은 가난한 곳, 마구간에서 태어나셨습니다. 그 후 이집트로 피난하셨는데 청년기까지 잘 보살펴 주신 분이 어머니이십니다. 우리가 이런 분을 모른다고 하면서 어떻게 하느님을 안다고 하겠습니까? 그렇다면 거짓말쟁이가 아닐까요? 천주교회에서는 이분의 위치를 하느님이나 예수님 위치에 올려놓는 것이 절대 아닙니다. 인간을 위해 주님께 전구해 달라고 어머니의 위치에 놓는 겁니다.

사람들은 잘 알지도 못하고 천주교회에서는 성모님이 하느님보다, 예수님보다 위에 있다고들 합니다. 소위 성모마리아 교회라고, 우상숭배 교회라고 하는데 이는 아주 무지한 상식입니다."

천주의 성모마리아님, 이제 와 저희 죽을 때 저희 죄인을 위하
여 빌어 주소서. 아멘.

가을 배추밭으로 소풍을

나는 교도소에선 용도과장쯤 되고, 소년원에서는 부원장쯤 된다. 그러니까 그곳의 살림살이에 관심을 갖는 것이 당연하다 할 수 있다.

미원이란 곳은 청주와 가까운 시골이다. 이곳에서는 배추 농사가 그다지 잘되지 않는다. 대부분의 농가에 500~1000평 되는 배추밭이 있긴 하다. 하지만 배추 농사가 잘되지 않으니 당연히 상품 가치도 떨어진다. 팔아 봐야 운임비도 뺄 수 없다 하여 배추를 밭에 묵히는 경우가 허다하다. 안타깝기 그지없다.

하지만 농사를 짓는 분들이 대부분 착하셔서 이 배추를 내가 원한다고 말씀드리면 기꺼이 주신다. 그러면서 "다행입니다. 그 사람들에게 주니 말입니다."라고 기뻐한다.

소년원에는 주방 바로 아래층에 지하 저장고를 만들어 놓았다.

가을에 배춧값이 저렴할 때 많은 양을 사서 소금에 적당히 절여 두었다가 여름에 배춧값이 비쌀 때 이 절인 배추로 김치를 버무려 먹기도 한다. 몇 트럭을 줘도 싫다 할 일이 없다. 배추밭에서 배추 추수를 해 올 수 있다고 얘기해 주면, 트럭이며 사람을 동원해서 며칠 동안 거둬 온다.

그날은 누가 나가서 작업을 하는가! 그달에 출소하는 친구들이 나가게 된다. 신바람 난다. 콧바람도 쐬고, 점심에 곱빼기 짜장면도 얻어먹을 수 있기에 추수꾼이 된 그 친구들의 기분도 좋다. 교사들과 우리 봉사자들이 연장으로 배추를 다듬으면 트럭에 옮기는 작업을 한다. 소년원 버스가 왕복 수고를 해 준다.

한 번의 배추 추수에 7~8명이 나간다. 나는 담당 교사들한테 학생 다루는 것을 배운다. 반 대표에게 오늘 해야 할 활동 내용을 알리기만 하면 된다. 선후배 관계가 엄격하기 때문에 절대복종이다.

반 대표에게 오늘 할 일을 알려 준 뒤 나는 중국집으로 이동한다. 그들이 좋아하는 탕수육과 짜장면을 마련하는 기쁨을 누리기 위해서다. 나도 좋아하는 음식이기에 더 신바람이 난다. 승용차에 봉사자들을 모시고 가는 날은 소풍 가는 기분이다.

열심히 모아 온 배추는 그해 김장이며 내년 김칫거리로 저장고에 넉넉히 절여 놓는다. 농가에는 사과 상자를 드리고 감사하다고 인사하면 그분들이 더 고마워한다. "다음에 이웃집 배추가 상품이 안 될 때에도 알려 주겠다."고 하신다. 주는 기쁨을 행복으로, 다행으로 생각들 하신다. 이곳저곳 아직도 못 팔려 나간 배추들은 밭에서 추운 겨울을 나며 거름이 되어 간다.

아예 다 알려 드릴게요

소년원에서는 액정 텔레비전으로 좋은 영화를 보기도 한다. 넉넉히 쌓아 둔 초코파이 또한 든든함이다. 이렇게 한쪽에서 조금이나마 기쁨조가 되어 주니 흐뭇하기만 하다. 내가 우스갯소리로 아이들에게 묻는다.

"얘들아, 알고 싶은 게 있는데 가르쳐 주면 안 되겠니?"

"뭔데요?"

"너희는 여기 들어올 때 갖고 있던 돈을 어떻게 하고 오니?"

"간단해요. 종이에 싸서 비닐봉지에 넣고 단단히 묶어서 ○○ 동산 아시죠?"

"그래, 소나무 많은 데. 나도 가 봤어."

알지도 못하면서 맞장구를 쳐 주면 술술 나온다.

"삽으로 땅을 파서 흙으로 잘 묻어 두고 오면 끄떡없어요."

"와, 너 출소하는 날 따라붙어야겠다."

"물론이죠. 수녀님, 아예 다 알려 드릴게요."

아이들이 신바람 난다. 나쁜 일이긴 하지만, 그네들이 살아온 이야기를 들어 주는 사람이 있다는 것이 아이들에겐 필요할 것이다.

도둑질을 시작하는 날 얘기도 해 준다.

"아침을 먹고요, 한 명씩 아파트를 돕니다."

1990년대 후반에는 현관에 번호 키가 없을 때다.

"아파트를 뛰어다니면서 일일이 문을 열어 보는 거예요. '문 열었다' 하는 데는 암호 스티커를 붙여 놓죠. 하루에 아파트 한 동 정도 돌면 친구랑 만나서 점심을 배불리 먹을 수 있어요. 망도 봐야 되니까 2인조가 돼서 동업으로 들어가요. 잊어버리고 문을 열고 나갔는데, 우리가 갔을 때 문이 잠겨 있다면 '슈퍼 갔다 왔구면?'이라고 생각하죠. 계속 열려 있는 집에 들어가서 한탕하게 되는 거죠."

참 기가 차다. 간간이 그들의 이야기에 간섭도 하면서 얘기를 더 듣는다.

"저희는 인기척을 제일 무서워해요. 사람이 있어 인기척 내는 것을 제일 싫어하니까 이상한 문소리가 나면 '으흠, 으흠.' 해요. '누구세요?' 하면 걸음아 나 살려라 하고 도망가요."

이 아이들이 사회로 나가 다시 범죄를 저지르지 않을까? 솔직히 나는 자신이 없다. 내 교리를 수료했다고 절대로 세례를 주지 않는다. 그 학생이 사는 곳 성당 담당 수녀님께 소개서를 써주는 것으로 내 소임을 끝낸다.

양업고등학교 이야기

교실 밖 작은 운동장에서 트로트 음악이 들린다. 학생들이 밖으로 우르르 뛰어 내려가는가 하면 교실에 남아 있는 아이들도 유리창 너머에서 흘러 들어오는 시끄러운 유행가 소리에 웅성거린다. 수업이 중단됐다.

한 친구가 도망가서 마을로 들어갔다. 트럭에서 카세트를 판매하는 상인이 잠시 자리를 비운 틈을 타서 트럭을 학교까지 끌고 와 보란 듯이 소란을 피우는 장면이다.

퇴학당한 학생들, 방황하는 아이들 40명을 모집하여 허름한 교실을 빌려 수업을 시작하던 때였다. 대안학교를 준비하며 시범 운영을 하던 중이었다.

1998년 2월 처음 모집한 학생들은 거의 다 도망가고 절반 정도의 학생이 남아 있을 뿐이었다. 또다시 신입생 모집을 하려는데 남은 학생들이 이구동성으로 신입생 재모집을 하지 말자고 한다.

"신부님, 더 이상 학생을 뽑지 마세요. 남은 저희가 이 학교를 살리겠습니다."

20명도 채 안 되는 학생들이 새로운 대안학교를 만들어 가는 길에 나도 함께했다.

지금은 좋은 대안학교 모델이 된 것은 물론, 7 대 1이라는 경쟁률을 뚫어야 학교에 입학할 수 있을 정도로 인기가 있다. 처음 대안학교를 창설하신 윤병훈 신부님의 숭고한 정신은 그대로 살아 있다. 윤 신부님은 나라의 훈장까지 받으셨다. 제자 중에 신부 지망생이 8명이나 된다. 신자가 되어 좋은 평신도로 활약하시는 분도 많다. 지금은 후배 신부에게 교장직을 인수인계하였고, 계속 발전하고 있다.

교정 사목을 하면서 윤 신부님과 함께하는 동료 신부님이 탄생하신 것이 얼마나 기뻤던지 가만있을 수 없었다. 그때 교정 사목 후원회비가 많이 모여 있었다. 후원자가 없어도 후원회비로 운영할 수 있었다. 이자로 떡을 할 요량으로 7300만 원이 통장에 있을 때였다. 내 마음이 달라졌다. 영웅심이 북받쳐 이번 달 떡값 300만 원을 남기고 전액을 신부님께 기증하고 싶어졌다.

드디어 장부를 들고 담당 신부님께 결재를 받으면서 조심스럽게, 한편으로는 자신 있게 말씀드렸다.

"우리 기금 7000만 원 전부를 양업고등학교 준비하는 데 드리고 싶은데요."

잠시 침묵이 흘렀다. 신부님이 말씀하셨다.

"수녀님께 두 번째 놀랍니다. 첫 번째는요, 유치원을 뒤로하고 교구청에 오셔서 교정 사목을 하겠다던 때이고, 이번에 또 놀라게 하시네요."

"감사합니다. 신부님, 양업고등학교가 잘 운영되면 소년원 오는 아이들도 감소하고, 얼마나 자랑스럽습니까?"

사실 그것이 나의 마음이었다. 이미 죄를 지으면 회복하기가 얼마나 힘드는지 알고 있었기 때문에, 청소년들에게 맞춤형 교육을 할 수 있는 학교가 있다면 얼마나 좋을까라는 생각이 들었다.

이런 조심스러운 제안과 합의하에 통장 명의를 변경해서 양업고등학교 통장을 만들어 드릴 참이었다. 손가락만 한 목도장에 '양업고교'라고 새겨 교구청 공제회로 갔다. 사무실에서는 "수녀님, 이틀 전에 윤병훈 신부님께서 7000만 원을 빌려 가셨습니다." 한다. 이 얼마나 우연한 일인가! 7000만 원을 드린다고 하니 공제회 쪽에서 놀라워했다.

그때가 어느 초겨울 날이었다. 지금도 기억이 생생하다. 하비에르 영명축일이 지난 다음 날 교구청 성가정 동 고상 앞에 몇 분의 신부님과 함께 모였다. 마당 한가운데에는 총대리 김원택 신부, 관리국장 이현로 신부, 윤병훈 신부 그리고 나 김현남 수녀가 서 있었다. 하늘도 기뻤는지 날도 화창했다.

"지금부터 교정 사목에서 양업고등학교에 선물 증정이 있겠습니다."

나는 새로 만든 통장과 목도장을 흰 봉투에 넣어 드렸다. 통장을 펼쳐 보신 윤 신부님이 깜짝 놀라신다. 총대리, 관리국장 신부님께서 웃으면서 박수를 치셨다.

"다음은 제(김원택 신부)가 김 수녀님께 선물을 드리겠습니다."

100만 원이 든 봉투를 주셨다. 이 신부님, 윤 신부님이 힘차게 박수를 쳤다. 아마 하늘에서는 예수님, 성모님도 박수를 치셨을 것 같다. 누군가에게 뭔가를 준다는 뿌듯함으로 기분이 참으로 좋았다. 덕분에 내가 명예 이사가 됐다는 농담도 해 주셨다.

그 후 양업고등학교 같은 학교는 아니지만, 어렵게 운영하는 시설에 고맙게도 정부에서도, 도에서도 지원을 해 주면서 학급 증설과 미국식 특수 교육을 도입하였고, 20여 년이 지난 그 학교에서 8명의 훌륭한 신학생, 사제 지망생이 배출되었다.

겨울빨래 수녀한테 걸렸니?

출소자의 집(하늘빛자리)

김언주, 평안의 바다

내일 당장 풀까요?
이삼년 손질해서 풀까요?

출소한 사람들 가운데 오갈 데 없는 할머니들, 장애인들을 위해 수녀원 본원에서 거금을 들여 청원시 대련리에 '출소자의 집(하늘빛자리)'을 마련해 주기로 했다. 1998년부터 짓기 시작한 집은 2001년에 축복식을 가졌다.

마을에서는 아담한 언덕 위 500여 평의 대지에 수녀원이 들어오는 줄 알고 마을 원로 네 분께서 승낙을 해 줬다. 나중에 알고 보니 도둑놈들이 사는 집을 지은 것이라고 마을 사람들이 "저 수녀를 내쫓아야겠다."고 수군거렸다.

이 상황을 눈치 챈 나는 이장 댁에서 모임을 갖자고 제안했다. 쾌히 승낙하신 어르신들, 이장님과 한자리에 마주했다. 나를 보고 냉소하는 표정들에 약간 긴장이 되기도 했다. 조용할 때는 천사가 지나가는 시간이란다. 잠시 침묵이 흐른 뒤, 안 되겠다 싶어 말을 하기 시작했다. 준비하지도 않았던 말이 줄줄 나온다.

"어르신들, 내일 출소하는 사람들을 당장 이 마을에 풀어 버릴까요, 아니면 2~3년간 손질해서 풀어 놓을까요?"

수녀의 뜻밖의 공갈에 어르신들의 시선이 일제히 집중됐다.

"걱정하지 마세요. 여러분과 자녀들이 안전하고 평화로운 세상에서 살아가게 하기 위해 이 세상 수녀들이 살고 있어요. 다 아시지 않습니까?"

또다시 침묵이 흘렀다.

잠시 후 이장 부인이 어제 먹은 시루떡과 따끈한 커피 상을 그때서야 들여왔다. 조금씩 안정을 찾아가는 듯했다. 잠시 후 한 분이 입을 떼셨고, 이구동성으로 맞장구를 쳐 준다.

"수녀님 말씀이 지당합니다."

한 어르신께서 앞장서니 모두 찬성하셨다. 고집불통 어르신 한 분은 끝내 불참하였다. 이장님이 귀띔을 해 주었다. 그 할배는 욕심이 많아서 자기 땅 밟을까 봐 노심초사한단다. 포클레인이 지나가면 농사를 못 짓는단다.

"수녀님, 50만 원에 700평 오케이하실 거예요."

이장님이 일러 준 대로 다음 날 그 할아버지를 찾아뵙고 간신히 승낙을 받았다.

그해에 참깨를 심어 마을 사람들이 놀랄 정도로 수확을 했다.

이장님의 수고가 많았다. 농수로를 열어 밭에 물을 듬뿍 줄 수 있었다. 그해에는 가뭄이 심했는데 우리 밭에만 참깨가 살아 여러 댁에서 모종을 얻으러 오셨다. 성당 다녀오는 길에 그 넓은 밭고랑을 다니면서 이렇게 말한다.

"참깨야, 찬미 예수님! 찬미 예수님!"

그렇게 밭고랑을 도는 게 내 아침 일과다. 돌아다니다 보니 잎 속에 벌레 한 쌍이 앉아 잎을 갉아 먹을 준비를 하고 있다. 얼른 차를 몰고 읍내로 나갔다. 내 포니 승용차에 할머니 봉사자 네 분을 모시고 와선 밭고랑을 훑어 가면서 벌레 있는 잎을 따는 작업을 시작했다. 몇 바퀴를 돌았다. 지루하지도 않았다.

할머니들이 잎사귀를 따면서 옛날 시집살이하던 이야기며, 최근에 생긴 이야기를 번갈아 가면서 한다. 까르르 웃다 보면 점심시간이다. 오후에 또 밭으로 나간다.

마리아 자매님은 너무나 순진하고 솔직하다. 자매님이 입을 열면 밭고랑이 무너지게 웃음보가 터졌다. 자부가 충북대학교 근처에 작은 분식집을 마련했는데, 거기서 생긴 이야기다.

"어머니, 제가 음식을 만들 거예요. 어머님은 손님한테 주문을 받아 오실 수 있으시겠어요?"

"그래, 해 보자."

어머니가 손님 앞으로 가서 쟁반에 받친 물 한 잔을 드리며 "손님, 뭐 드실라우?" 하니 "오무라이스요." 한다. 듣긴 들었는데 옮기기가 쉽지 않았다.

"어머님, 뭐 드신대요?"

주방에 들어온 어머니에게 며느리가 묻는다.

"뭐라고 지껄이는데 통 알아들을 수가 없구나."

참 난감하다.

"어머니, 하나도 걱정하지 마세요." 하고는 이렇게 말해 주었다.

"주방에서 식당으로 난 작은 창을 통해 어머님이 '손님, 뭐 드실라우?' 하면 돼요."

손님이 주문을 하면 머리와 목을 창밖으로 빼고 함께 듣는 거였다. 이 얼마나 아름다운 광경인가! 지혜로운 며느리와 선한 시어머니의 모습이 훤히 보이는 듯하다. 하지만 또 얼마나 웃기는 이야기인가. 우리는 작업하던 손을 잠시 놓고 한참 동안 밭이 떠나가도록 웃었다. 이렇게 즐거이 일하다 보니 어느새 해가 지고, 벌레집도 모두 소탕되었다.

농협에 가면 농사짓는 지혜를 알려 주는 농촌 지도자가 앉아 있다. 그가 말을 건다.

"수녀님, 농사를 많이 지어 보셨나요? 깨 농사가 잘됐군요."

우쭐해진 나는 의기양양하게 대답한다.

"뭘요! 어려서 시골에서 자라서 어르신들이 하시는 것만 봤지요. 농사는 잘 모르니 가르쳐 주세요."

"네. 수녀님, 참깨가 자라면 14마디만 두고 그 윗동은 모두 잘라 내야 합니다. 그래야 영양 손실이 안 됩니다."

"어머나, 진짜요? 키가 크면 수확을 많이 거둘 줄 알았는데 위 것은 쭉정이라고요?"

"네, 위 것은 영양만 빨아먹지 소용없으니 모두 잘라 주시면 깨가 많이 수확됩니다."

"감사합니다, 감사합니다."

이런 좋은 정보가 어디 있나. 며칠 후 우리 봉사자들이 다시 모여서 웃자란 가지를 잘라 주었다. 앞으로 가면서 자르고, 다시 돌아오면서 자르는 일을 반복했다.

깨는 누렇게 여물어 그해 두 가마니를 수확했다. 양념할 때 쓰라고 소년원에도 갖다 주고, 봉사자들께도 한 되씩 드렸다.

내 추억 속에 깨 터지는 재미, 깨 쏟아지는 소리가 고소하게 퍼지고, 지금도 내 귓전에 깨밭의 그 웃음소리들이 들리는 듯하다.

군수 나리 찾았으나

어느 날 양업고등학교 윤 신부님을 앞세우고 ○○군청을 찾았다. 학교 진입로를 좀 내 달라고 부탁드렸다. 나는 아주 작은 모습으로 빌다시피 청했지만 한마디로 거절당했다.

"상반기 예산은 이미 결정된 터라 도저히 어렵습니다."

시커먼 수도복을 입은 뚱뚱하고 못생긴 수녀라 그랬을까? 하긴 햇볕에 그을린 모습이 우습게 보이기도 했을 터다. 더구나 ○○군에 소재한 양업고등학교 때문에 그곳 주민들한테 들볶임을 당했을 테니 그럴 만도 하겠다 싶었다.

"할 수 없군요." 하며 돌아온 지 며칠 되지 않아 청주교구청 총대리 신부님한테 전화가 왔다.

"수녀님, 군수님께서 뇌물횡령죄로 서울구치소에 수감되었답니다. 수고스러우셔도 저희와 같이 면회를 가주셨으면 합니다."

거물급들은 거처하는 지방을 초월해서 서울구치소로 가나 보다 싶었다.

군수는 나를 보자마자 "수녀님, 죄송합니다. 제가 당도 높고 혈압도 높아서요."라고 읍소한다. 갑자기 어미 앞의 아기가 된 자세로 아주 작아졌다. 주객이 전도된다는 말이 이런 것인가. 빽도 없는 나에게 통사정을 한다.

"수녀님, 수녀님께서 원하시는 진입로 해 드리라고 부군수한테 지시해 놓을 테니 아무 걱정 하지 마십시오."

이 수녀가 좋은 일 하는 것을 그제야 깨달은 군수는 어떤 마음으로 나를 만났을까.

"군수님, 제 걱정 마시고 몸조심하세요. 청주 정도에 오셨으면 합니다."

내가 말한 그대로 되었다. 군수는 실형을 받고 청주교도소에 이송되어 원예과에서 소임을 했다. 천주교 집회가 수요일임을 알고 복도 바로 옆에까지 와서 "안녕하세요?" 하고 인사를 한다. 넥타이 차림의 근엄한 모습은 간 데 없고, 파란색 죄수복을 입은 모습이 딱하다. 자매님들에게 떡을 좀 챙겨서 일하는 사람들의 숫자만큼 드리라고 한다.

그 주간에 지시가 떨어졌나 보다. 새집을 짓는 데 불편함이 없을 정도로 길이 닦인다. 오솔길에 포클레인이 들어가 널찍한 길로 만든다. 마을 사람들이 다시 한 번 놀라며 적극 도와준다.

순조롭게 길이 닦이고, 집이 생기더니 축복식까지 한다. 외딴 곳에 집 한 채가 생긴 것은 사실 주님의 안식처가 아닐까 하는 생각이 들었다. 불쌍한 할머니 한 분과 장애자 2명이 오기로 되어 있다. 거룩한 집 축복식에 많은 교우들과 주교님께서 오시어 미사를 집전했다.

그런데 이게 웬일인가? 미사 중에 멀리서 경운기 소리가 "탈탈 탈!" 들려온다. 경운기가 미사 중인 것을 아랑곳하지 않고 밀고 들어오니, 교우들이 그쪽을 향해 달려간다. "진입금지!"라고 외치며 뛰어가는 사람들보다 더 빠른 속도로 달려가며 내가 다급하게 외친다.

"형제님, 왜 그러세요! 저분들 가시게 그냥 두세요."

말리길 잘했다. 8~9명의 마을 대표들이 하이타이를 경운기에 싣고 축복식에 참석하러 오신 것이다. 전례가 뭔지 모르는 그분들이 미사를 봉헌하는 바로 뒷길로 경운기를 통과시킨 것이다.

부리나케 달려 나간 나는 경운기를 넓은 밭에 세우게 했다. 그러고는 점심상이 준비된 방으로 모시고 들어가 거나하게 한상 차려 드렸다. 점심상을 받은 동네분들은 모두 기뻐하며 좋아하셨다. 기념품으로 커다란 우산을 드리고, 미사가 끝나자마자 마을로 돌아가시도록 했다. 그 후부터는 언제나 마을 행사에 작게 보태 드리며 축하하면서 아주 친해졌다.

지금은 소임을 마친 이 수녀의 바람이라면 하늘빛자리에서 심청이를 젖먹여 키워 엄마가 출소하는 날 품에 안겨주는 성가정 복음자리집으로 거듭나기를 간절히 바랄 뿐이다.

청년, 어디 다친 데 없수?

한번은 우리 출소자 가족이 운전 부주의로 트럭이 논두렁에 빠지는 일이 생겼다. 마침 못자리 내는 때였다. 팔순 할머니께서 "이 나쁜 놈 어디 갔나?" 하면서 낫을 들고 흥분해서 들어오신다.

"할머니, 죄송합니다. 정말 죄송해요. 논을 잘 다듬어서 먼저처럼 해 드릴게요."

두 손을 꼭 잡고 위로해 드리면서 말했다.

"그런데 할머니, 지금 화나신다고 이 낫을 휘두르시면 큰일 납니다."

할머니가 찔끔하는 듯했다. 나는 다시 다정하게 말했다.

"할머니댁 귀한 손주들이 청주로 학교 가잖아요. 할머니, 그 낫 제게 주시고, 제가 말씀드리는 대로만 하세요. '청년, 어디 다친 데 없수? 괜찮아. 우리 잘 손질해 봅시다.' 이렇게 하셔야 손주들이 무사하겠죠?"

할머니는 '생각해 보니 큰일 날 뻔했구나.' 하는 눈치였다. 내가 얼른 청년을 불렀다.

"경수야, 이리 오너라!"

그 친구는 멋쩍게 머리를 득득 긁더니 "죄송합니다, 죄송합니다." 하고 머리를 조아린다. 그 말을 듣자마자 할머니는 "청년, 어디 다친 데 없수?" 하신다.

그 사건 이후 어르신과 친해진 것은 두말할 것도 없다. 그 어르신이 논두렁에 콩 모종을 하거나 논에 물꼬를 틀 때 커피를 드리면 어찌나 좋아하시는지……. 이렇게 가까운 이웃이 되어 가면서 농사에 많은 조언까지 해 주신다. 참 귀한 이웃이다.

남는 밥을 나누다

당시 대련리 산등성이에는 아무도 안 살고 덩그러니 우리집만 있었다. 당시 개를 키웠는데, 돈이 드는 사료보다는 여자 교도소에 부탁하여 남은 밥을 수거해 얻어다 먹였다. 매일 교도소에서 밥을 가져올 때 예쁜 메모지도 같이 온다. 밥 당번 재소자들의 글이다.

"수녀님, 이 자루의 밥은 수저를 안 댄 것이니, 수녀님 드셔도 돼요."

이런 글을 보면 얼마나 반갑고 고마운지 모른다. 그들과 내가 이렇게 한 가족이 되어 말 한마디로 통하니 말이다. 그럴 땐 나도 그 밥을 데워서 먹는다.

그래도 남으면 겨울에는 엿질금을 사다가 밥을 삭혀서 조청을 만든다. 할머니와 나, 그리고 봉태가 저녁 늦도록 주걱으로 저어 주면 다음 날 맛있는 조청이 된다. 그렇게 며칠 조청을 만들다 보니 보통 크기의 독에 반쯤 차올랐다. 설날이 가까워져 가래떡과 조청을 트럭에 싣고 여자 교도소에 갖다 주니 함성에 함성이 이어진다.

정형숙 과장님은 가끔 내게 와서 땀범벅이 된 수도복을 가리키며 "우리 마더 테레사 수녀님, 이걸 어떻게 해요?" 하며 위로와 기쁨을 전해 준다.

어느 날 내가 잘 아는 가난한 양로원이 생각났다. 옥천에 자리 잡긴 했는데 집이 없어 폐교된 중학교 건물에서 춥게 지내는 연약하기 그지없는 곳이다. 청주교구 소속 양로원으로 문을 열었다는 소식을 듣고는 원장 조민서 벨라뎃다 자매님께 전화했다. 남는 밥을 나눌 수 있으면 좋지 않은가.

그녀는 "수녀님, 오늘 저녁도 밥이 없어 모두들 굶었어요. 주시면 감사하지요." 한다. 난 다음 날부터 옥천까지 밥 배달을 나섰다. 조청이 문제가 아니었다. 트럭에 밥과 동태를 싣고 고속도로를 달리고 달리는 일을 이틀이 멀다 하고 했다. 그날 이후 할머니들은 끼니를 거르지 않으셨다.

얼마 후에는 그쪽에서 밥을 가지러 오겠다고 한다. 저녁 늦도록 기다리는데 도착한 봉고차를 보니 또 마음이 아프다. 봉고차 한 대를 배차받아 오다가 시동이 꺼지고, 꺼지고 했다면서 차를 보여 준다. 봉고차 안에서 보니 땅바닥이 보일 정도로 낡은 차였다. 그날 밤에 어찌어찌 옥천까지는 간다고 했으나 수명이 다 된

차는 폐차해야 한다고 했다.

6개월 동안 밥이 남든, 밥을 하든 빵빵 실어다 양로원에 갖다 드렸다. 주님께서 굶고 있는 할머니들을 긍휼히 여기셔서 그날의 양식을 또 마련해 주신다. 멍멍이들 덕분에 할머니들까지 연명하실 수 있게 해 주신 예수님은 찬미 받으소서. 아멘.

20여 년이 지난 지금 그곳 양로원의 쌀독에는 쌀이 안 떨어지고, 시설을 다섯 곳까지 확장시켜 100여 분을 모시고 보람 있게 운영한다고 한다. 조 원장이 가끔 내 이야기를 한단다.

"수녀님이 안 계셨으면 어쩔 뻔했나."

나누는 것은 어디서든 행복을 준다. 덕분에 난 해마다 휴가 때면 본가보다 그곳 쉼터를 찾아가 쉬다가 온다. 2~3일간 지리산 골짜기 청학동에 있는 휴양의 집에서 지내는데 쉼터로 백점!

어떻게든 베풀며 살다 보면 끝이 보인다. 나는 원장에게 이렇게 청했다.

"오갈 데 없는 노인, 장애인이 생기면 내 사인만 있으면 무조건 받아 주세요."

우리 둘은 한 쌍의 콤비가 된다. 행복하다. 그 집이 '행복한집'이다. 옥천역에 내리면 마사회에서 기증받았다는 노란색 봉고가 으레 대기 중이다. 고기가 먹고 싶다 하면 당일 코스로 가서 배불리 먹여 주시기도 한다. 짱!

잊지 못할 분들

교도소 소임을 하면서 진정 감사하고 고마워하지 않을 수가 없는 분들이 많다. 우리 출소자들을 위해 보이지 않게 도와주신 분들은 드러내거나 자랑하지도 않는다. 오히려 더 못 주셔서 안타깝게 여기는 분들이다. 이루 헤아릴 수 없이 많지만 작은 마음으로 남기고 싶은 분들을 소개한다.

나는 출소자의 집을 마련하기 위해 캠벨이라는 포도즙을 만들어 베드로에게 운전을 맡기고 서울의 이 본당, 저 본당에 판매하기 위해 다녔다. 이것이 작은 밑거름이 되었음은 물론이다.

강 실비아 자매님 내외는 지금도 도움을 주신다. "수녀님, 아빠몰래 수녀님 집 짓는 데 보태고 싶어요." 하고 300만 원짜리 수표를 주셨다. 이것이 주일 낮 미사 후였다. 저녁 미사에서는 이분 장부인 김 요셉 형제님께서 똑같은 말씀을 하신다. "수녀님, 집사람

모르게 드립니다. 수녀님 집 짓는 데 조금 보태십시오.” 하면서 수표 5장, 500만 원을 건넨다. 어찌 세상에 이런 분들이 계신가. 감탄에 감탄을 거듭하였다.

나는 교도소 소임을 하면서 이렇게 저렇게 고마우신 은인을 많이 만났다. 지금도 교도소 위문공연 갈 때나 출소한 형제들에게 힘이 되어 주시고 있다.

지금은 하늘나라에서 우리를 지켜보고 계시는 고현주 이레나 자매님을 기억한다. 아드님 혼인성사 때 들어온 축의금 10퍼센트를 출소한 형제를 위한 집 마련에 쾌척하셨다. 500만 원을 보태 주고 나와는 친구가 되어 가끔 노량진 수산시장에 들러 산낙지와 전복을 먹었다. 두 남매 모두 출가시키면서 집도 마련해 주었다. 돌아가시기 수개월 전에 유언처럼 “내 집을 팔아서 교회에 내놓겠다.”는 걸 내가 만류해서 아들을 넓은 집으로 옮겨 주게 했다. 그걸 아드님이 알았다. 돌아가신 날 난 용기를 내어 말했다.

“아드님, 어머님은 군종 신부님께는 5만 원, 나에게는 3만 원을 주시면서 택시를 태워 주셨어요. ‘수녀원 언덕이 높으니 아코디언을 들고 걸어가실 수 없어요. 꼭 택시를 타세요.’ 하시면서요.”

즉시 답을 주는데 “수녀님, 당연하시지요.” 한다.

며칠 후 아드님은 2만 원을 인상시킨 5만 원을 택시비로 쥐어 준다. 난 택시를 탈 때마다 고 이레나 자매를 기억한다.

지금까지도 교도소 갈 때 와서 수녀가 배우는 아코디언 수강료 등을 빠짐없이 주시는 아그네스 수산 사장님, 허옥희 자매님은 무엇이 필요한지 다 헤아려 준다. 난 그 댁과 한 가족이 되어 기도로 보답해 드리고, 사장님께서도 나를 무척이나 사랑해 주신다. 크신 은인이시다.

특이하신 원 벨라뎃다와 김 요셉 부부는 내가 소년원에서 필요로 하는 옷감 등을 주시고 자녀들이 보는 앞에서 꼭 금일봉을 주신다. 엄마, 아빠를 본받은 그 자녀들도 호주에서 잘 살고 있다.

하늘빛자리라는 예쁜 이름을 지어 주신, 천당에 계신 전전 총장 정 도미나 수녀님은 늘 말씀하셨다.

"하늘이 도와주는 자리라야 교화가 잘된다."

조카따님 두 자매 함청자 엘리자벳, 함경미 율리안나를 보내주셔서 자나 깨나 힘이 되고 있다. 앞으로 이 조카님들은 일산 지구에서 예수마리아요셉회 우리 수녀회 정신으로 사는 평신도 회원이 된다. 일산 지구의 커다란 일꾼이 될 것으로 보인다.

20여 년을 한결같이 걱정해 주시는 김희애 요셉피나 자매님께도 같은 사랑으로 감사드린다.

모두를 열거하는 데 한계가 있으니 이렇게 말씀드리고 싶다.

"두루두루 고맙고, 감사합니다. 기도로 돕겠습니다."

사도 바오로는 사도행전 20장 35절에 "주는 것이 받는 것보다 더 행복하다."고 하셨다. 이분들은 이처럼 사시는 분들이시다.

겨울빨래 수녀한테 걸렸니?

2부

"웃어요,
웃어 봐요!"

김현남, 장미

겨울빨래 수녀한테 걸렸니?

에피소드 5

웃음치료사 수녀

김언주, 축복

트로트 가수 신부와 수녀

양산에 위치한 바오로 영성관에서 일일 피정 강사로 나를 초청해 주었다. 언제나 그렇듯이 처음 가는 초청 강의는 무척 흥분된다.

강당 입구에 적당한 크기의 포스터가 군데군데 붙어 있고, 강연 제목과 강사 이름이 적혀 있었다. 맨 상단에 황창연 신부, 김웅열 신부, 김선태 신부가 적혀 있고, 그다음이 김현남 수녀, 고영민, 신상옥, 김정식 등 생활성가 가수순으로 적혀 있었다. 포스터를 보는 순간 '얼씨구! 이 할매 수녀도 이런 유명한 사람들 속에 끼었네.' 하고 흥분되었다. 어깨가 으쓱 올라가는 듯했다.

김선태 신부님이 생소해서 물어보니 트로트 가수 신부란다. "어머나! 어머나!"를 연발하면서 '거룩하신 신부가 세속 노래를 부르다니.'라는 생각에 호기심이 가득 찼다. 그런데 어쩌랴! 공연

시간을 기다리면서 문득 '나 역시 트로트 곡을 연주하는 수녀가 아닌가!'란 생각이 들었다. '와, 오늘 한바탕 놀아 보자. 아싸!' 하는 마음에 순서를 보니 신부님 앞 순서에 내 웃음치료와 트로트 아코디언 연주가 있다. 관객들에게 힘차고 경쾌한 노래를 먼저 연주로 들려 줄 수 있겠구나.

마침내 내 차례가 왔다. '소양강 처녀'를 필두로 '목포의 눈물', '울어라 열풍아', '칠갑산', '눈물 젖은 두만강', '봄날은 간다'를 연이어 연주했다. 좌중은 흥겨움으로 넘쳐났다. 이어서 '내 나이가 어때서', '안동역에서', '비 내리는 고모령', '대전 부르스', '얼굴', '돌아와요 부산항에'를 연주했다. 강당의 열기는 더 이상 말하지 않겠다. 특송으로 멋진 연주곡 '라스파뇨라'를 관객들과 연주하였다.

트로트지만 연주하고 함께 부를 때는 생활성가 이상으로 치유되며 경쾌해지는 관객들. 그것이 음악이 가진 힘일 것이다. 내 아코디언 솜씨는 또 어떤가. 한 곡, 한 곡 부를 때마다 함성과 함께 우레와 같은 박수가 쏟아진다. 바로 이 순간이 나에게도 환희다. 객지에서 생고생하면서 500번 이상 연습한 것이 빛을 발하는 순간, 이 환호 소리에 가슴이 뿌듯해진다. 마치 세상을 차지한 기분이다.

곧이어 오늘의 트로트 가수인 젊디젊은 신부님의 노래가 이어진다. 신부님의 실력은 대단했다. 순간 저분과 내가 듀엣으로 무대에 서면 최고의 무대가 될 것 같다는 느낌이 들었다. 곧바로 다가가서 물었다.

"신부님, '비 내리는 고모령' 되시나요?"

"네!"

자신 있게 대답하는 신부님 곁에서 할매 수녀가 전주를 시작했다. 신부님은 대단한 열창을 선보였다. 신부님의 노래 솜씨에 '이 세상의 뭐가 이렇게 기쁘랴.' 하는 마음이 들었다.

피정에 참석한 분들도 같은 마음이었나 보다. 피정하러 온 400여 형제자매들이 동시에 발칵 뒤집혔다. 그야말로 치유의 대피정이 된 것이다. 자유로움과 기쁨, 그리고 신선한 분위기가 그곳에 있는 모든 이의 가슴속에 새로운 힘으로 간직됐을 것이다.

제가 뭐 해먹을 게 없을까요?

내 나이 67세 되던 해에 마천 어린이집에서 정년퇴직을 했다. 지금 77살이 됐어도 아직 쓸 만한데 10년 전에는 여전히 새댁이 아니었을까 생각된다.

그때 "예수님! 예수님! 제가 뭐 해먹을 게 없을까요?" 하고 여쭤 봤다. 바로 대답을 주셨다. "너는 어르신들과 놀아라!" 하시는 것 같았다. 성당마다 어르신들을 위한 프로그램이 생기면서 나도 한몫 끼어 놀아 드리면 되겠다고 다짐한다.

한국웃음연구소에서 2급 웃음치료사 자격을 얻었고, 다음 해 1급 자격증을 따기 위해 수강 신청을 했다. 비싼 수강료를 이 프랑소아 총장 수녀님께서 마련해 주셨다. 감사한 일이다. 웃음치료는 내 적성에 꼭 맞았다.

그렇게 제2의 소임을 시작한 것이 올해로 10년이 되었다. 베테

랑이 된 셈이다. 자격증을 따면서 '수원교구는 내 꺼다!' 했다. 길음역에서 4호선을 타고 금정역에서 1호선으로 환승한다. 서동탄, 수원 등 안 가는 곳이 없다. 갈아타지 않고 그냥 앉아 있으면 안산 오이도까지 가니, 이 교구는 다 내 활동 영역으로 가늠하기에 충분했다. 희망이 보였다. 또한 군포에서는 사촌오라버니가 군포성당에서 넓게 활동하시는 분이므로 넌지시 말을 넣었다.

"오빠, 나 웃음치료사 자격증 땄어요. 나 좀 불러줘 봐요."

처음으로 군포성당 연령회 겸 어르신들의 모임에 오라는 기쁜 소식을 들었다. 바로 날을 잡고 아코디언을 들고 마술 도구도 챙겨서 달려갔다. 한껏 뽐내며 강의를 시작했다. 늘 강의를 충실하게 준비했지만, 웃음치료사로서의 첫 수업이라 준비를 더 철저하게 했다. 결과는 대환영이었고, 대성공이었다. 운이 좋았다. 역시 웃음은 사람들에게 행복 바이러스를 진실하게 전달해 준다.

몇 주 후엔 수원교구 셀기도 피정이 있다고 한다. 하루 종일 하는 프로그램에 내가 강사로 발탁되었다. 그 계기는 역시 군포성당 웃음치료 강의였다. 성당에서 어르신 지도와 봉사를 하는 자매님이 셀 모임 500여 명을 이끄는 총무로 봉사하고 있었다. 똑똑하고 판단력 있는 자매가 내 강의에 흠뻑 도취된 것이 시작이었다.

수원교구 주교좌 성당인 정자동 성당에서 셀기도 피정도 무사히 마쳤다. 그것이 종자가 되어 각 본당으로 알려지기 시작했다. 수원교구 본당들에서 좋은 평을 얻었다. 전철도 공짜로 타고, 어느 전철역으로 가면 승용차나 택시로 마중도 나와 준다.

지금까지 그렇게 강의가 이어지고 있다. 피곤한 줄도 모르겠다. 매달 9곳, 많으면 11곳까지 지칠 줄 모르고 달리고 있으니 뒤늦게 얻은 제2의 인생이 주님께 드리는 또 하나의 선물이 될 줄 꿈에도 생각 못 했다.

국내에서도 활동하지만 해외에 나가서도 공연을 한다. 내가 잘나서 초대받는 것보다 인맥이 있는 신부님이나 교우분을 졸라서 몇 군데 구경 겸 갈 수 있었던 것이다. 하지만 역시 국내에서는 제법 알려진 것으로 안다.

웃음치료사가 여러 명 있지만 내가 주변분들의 기억에 남는 것은 아무나 하지 못하는 아코디언으로 인기를 끌었기 때문이 아닌가 생각한다. 어르신들이 즐겨 부르시는 노래 10여 곡을 유창하게는 못해도 끼를 맘껏 발휘해서 흥겹게 분위기를 이끌어 간다. 그러면 어르신들이 무척 좋아하신다. 이렇게 인기를 누리게 된 것에 감사하면서, 여기서 살짝 말하건대 초청을 두 달 전에 신청해야 원하는 시간에 가 드릴 수 있을 정도다.

아코디언 연습은 보통 한 곡을 500번 정도 연습한다. 그러면 연주가 멋지고 간드러지게 나온다. 노력을 그만큼 하는 셈이다.

(위) 토끼 머리띠를 하고 웃음치료 강의를 하는 모습
(아래) 빨간 카우보이 모자를 쓰고 아코디언 연주를 하는 모습

또 원래 내가 노래를 좋아하고 우스갯소리도 좋아하기에 그냥 즐겁게 다니고 있다. 10년간 작은 핸드카로 악기를 옮기면서 속으로 말한다.

'수녀야, 이 악기 구루마를 못 끌면 끝이다. 열심히 끄는 거다.'

나는 수녀원 대문을 나오면 맘껏 콧바람을 쐰다. '어디 가느냐?'고 묻는 수녀는 한 명도 없다. 매일 나간다. 강의가 없는 날은 학원에 가서 피땀 흘리며 100번이고, 200번이고 연습을 한다. 500번을 쳐야 겨우 노랫가락이 나온다. 가수들이 500번, 1000번을 거듭 연습하고 무대에 올라선다는 말이 거짓이 아니다.

웃음강의 때 앞에 앉아 계신 할아버지 어르신들은 넋을 잃고 쳐다보신다. 한 곡, 한 곡 끝날 때마다 환호 소리와 함께 힘차게 박수를 칠 수밖에 없다. 나는 이 분위기 때문에 이 일에서 에너지를 받는다. 뽐내며 가슴 뿌듯한 이런 시간 때문에라도 객지에서 생고생하면서 죽도록 연습한다. 와, 기분 좋다.

이마에 손수건 접어 땀받이로 질끈 동여매고 빨간색 카우보이 모자를 수도복 수건에 얹고 아코디언을 가슴에 척 얹어 놓고는 연주를 한다. '소양강 처녀', '내 나이가 어때서', '대전 부르스' 등 11곡을 신바람 나게 연주한다. 어르신들은 열창을 하시고, 이 수녀는 약장수처럼 감정을 살려 가며 분위기를 이끌어 낸다. 마지막으로 내가 사랑하는 곡 '라스파뇨라'를 멋지게 연주하면서 2

부로 들어간다.

이때 웃음치료 강사로 의상을 바꾸어 입는다. 성당에서 할 때는 강론대에서 제2부 시작 멘트를 한다. 토끼 머리띠며 분홍색 긴 머플러로 분위기를 새롭게 하여 신바람 나는 특유의 웃음치료를 시작한다. 길게는 한 시간 반을 엄청 신나는 시간으로 채울 수 있다. 어르신들은 시작할 때와는 달리 웃음꽃을 활짝 피우며 귀가한다.

"주님의 기쁜 소식을 전하는 이들의 발이 얼마나 아름다운가."
(로마 10, 15)

웃음치료 강의

제가 이 세상에서 제일 예뻐하는 사람이 누군 줄 아세요? 나보다 먼저 인사하는 사람입니다. 우리 옆 친구하고 '안녕하세요, 찬미 예수님!' 하고 악수하면서 인사를 나눠 보세요.

이제는 둘씩 짝하고 남자들처럼 악수하세요. 절 따라 하세요. '친구야! 친구야! 자네는 만날수록 왜 이리 점점 예뻐지나! 이따가 집에 갈 때 시원한 물냉면 한 그릇 사라고 이 자식아!' 와, 호호호 하하하.

'이 자식'이란 말은 사전에 '한국의 애칭어'라고 적혀 있습니다.

인도의 간디는 '자유'를 외치며 이 마을, 저 마을 다니면서 평화운동을 할 때 3등 기차를 즐겨 탔답니다. 어느 날 기차에 올라 첫 계단을 디뎠는데 신발 한 짝이 땅에 떨어졌습니다. 그러나 이미 기차는 떠나기 시작했습니다. 간디는 다음 계단에 올라가서 나머지 신발 한 짝을 휙 던져, 아까 벗겨져 떨어진 신발 위에 얹히게 했습니다. 수행원들은 깜짝 놀랐습니다.

"선생님, 신발을 마저 버리시면 어떡해요?"

"이보게나. 가난한 인도 사람들이 맨발로 다니다가 신발을 보고 달려올 텐데 한 짝이면 무슨 소용 있나? 난 어차피 한 짝을 잃어버린 사람 아닌가!"

자, 또 옆 친구하고 악수하세요. 저를 따라 하세요.

"친구야, 친구! 자네 같으면 신발 한 짝 집에 들고 왔을 거야? 이 자식아". 와 호호호 하하하.

다시 옆 짝꿍하고 마주 보세요. 살짝 웃어 주고 미소를 보내면서 ① 오른손을 위로 올려 상대방을 손끝으로 가리키며 '당신 멋져!' 오른손을 오므리고 위로 밑으로 '당연하지!' 넘버원 하는 손가락 모션으로 자기 가슴을 가리키며 '나도 멋져!' ② 같은 동작으로 ①동작처럼 '당신 사랑해!' '당연하지!' '나도 사랑해!' '당연하지!' ③ '당신 예뻐!' '당연하지!' '나도 예뻐!' '당연하지!' ④ '당신 짱이야!' '당연하지!' '나도 짱이야!' '당연하지!' 이것을 반복하면 웃음 속에 긍정 마인드가 퍼지면서 행복해집니다.

중국에서 마의 철학자라 불렸던 이는 겨울에도 베옷을 걸치고 다녔다 해서 그리 이름 붙여졌다 합니다. 마의 철학자는 관상학자였다고 합니다. 그 사람이 이렇게 말했습니다. '입꼬리를 올리고 다니는 사람은 '복바가지상'이라고. 그러나 입꼬리를 아래로 축 늘어뜨리고 다니는 사람은 '쪽바가지상'이라고 했답니다. 그래서 늘 입꼬리를 올리고 다니는 게 좋습니다. 그러면 안면 근육이 춤을 추면서 기분 좋은 얼굴이 됩니다. 기분 좋은 사람은 얼굴과 말하는 솜씨에서 나타난다고 합니다.

네. 그러면 모두들 입꼬리를 올려 보세요. 아주 좋습니다. 입꼬리를 올리려면 절 따라 하세요. '사랑합니다.' '죄송합니다.' '저희 잘못을 용서해 주세요.' '감사합니다.'라고 하면 늘 기쁘고 행복합니다. 특히 계단을 올라갈 때 '사랑합니다.' '죄송합니다.' '저희 잘못을 용서해 주세요.' '감사합니다.' 하면 10칸은 거뜬히 올라갑니다. '아이고 다리야, 아이고 힘들어라.' 하면 끝까지 힘들게 올라갑니다.

웃음은 3초도 좋고, 5초도 좋지만 이렇게 짧게 웃는 것은 아무런 도움이 안 됩니다. 10초 이상 웃는 웃음이라야 우리 몸에 엔도르핀, 다이도르핀이라는 호르몬이 생산됩니다. 많이, 길게 웃다 보면 조금 힘은 들지 모르나 세로토닌이라는 호르몬이 분비되면서 피가 맑아지고 우울했던 기분이 상쾌한 마음으로 변화됩니다.

제가 한 분을 치료한 적이 있습니다. 저녁 시간에 약 5분간 둘이 웃는 것입니다.

"효주야, 숨을 크게 들이마시고, 똥꼬까지 쪼이고, 자, 길게 웃는다. 최불암 웃음으로 시작! 파하하하하!"

속으로 하나, 둘, 셋…… 열을 세다 보면 기침이 나오는데, 바로 이 기침이 몸 안의 독소가 나가는 증상입니다. 끊지 말고 소리가 안 나와도 숨을 멈추지 말고 계속 '하하하' 하다 보면 정신 집중이 되면서 피가 맑아집니다. 한 5분 정도 웃으며, 이를 10번 되풀이해서 웃어야 치료가 된다고 합니다. 1번 웃으면서 10초 쉬며, 이렇게 5번 반복합니다.

그분과 이렇게 일반 전화로 일주일을 빠짐없이 웃었습니다. 물론 그 집에 가서 개인 치료로 그 방법을 쓰기도 했습니다. 1시간 연습 후 헤어지면서 저녁에도 해 주었습니다. 일주일 후에 효주는 다른 외국인 회사로 옮기고, 지금까지 건강하게 지내고 있습니다.

하느님께서 우주만물을 창조하실 때마다 보시니 좋더라, 보시니 좋더라 하셨습니다. 창세기 1장 31절에 가면 사람을 만드신 후에는 보시니 '참 좋더라.' 하였습니다. 자, 그럼 제가 '보시니 참 좋더라.' 하면 박장대소하셔야 합니다. 크게, 배꼽을 잡고 웃으셔야 합니다. 손뼉을 10초 동안 30번 치시면서 웃으시는 겁니다.

자, 숨을 들이마시고 시작하면서 손뼉을 빨리빨리 30번 치면서 웃을 겁니다. 10초를 표시하기 위해 노란색 실크 손수건을 흔들겠습니다. 10번 흔들 동안이 10초니까 소리가 나오지 않더라도 계속 웃다 보면 심한 기침이 나옵니다. 바로 이 기침이 몸 안의 독소가 나오는 소립니다. 자, 시작합니다.

하하하, 호호호. 네, 잘하셨습니다.

이런 실화가 있습니다. 중국의 30대 젊은 사장이 한국 시장에 오더를 줄까말까 하며 우리나라에 왔답니다. 한국 회사 부장이 마침 웃음치료사였습니다. "저 사장을 데리고 한바탕 놀아야지." 하는 야무진 마음으로 저녁식사 후 간부들과 3분 웃음게임을 하기로 했습니다. 10초를 세는 동안 손뼉을 33번 치면서 웃는 분께 일등상을 드리겠다고 약속하고는 "숨을 들이마시고 '시작'하면 33번의 손뼉을 치는 분이 일등입니다." 하면서 시작했습니다.

"와, 중국에서 오신 사장님이 일등이십니다!" 하고는 모두들 그분께 박수를 보냈습니다.

젊은 사장은 부장 앞으로 바짝 다가와서는 "따거(형님)"하면서 오더를 약속했다 합니다.

어린이들은 하루에 200번을 웃습니다. 여성들은 하루 6번을 웃는데 3번은 남의 흉을 보면서도 웃는다 합니다. 그래서 여성이 남성보다 더 오래 산답니다. 호호호.

어린이들은 어떻게 그리 많이 웃을까요? 아이들은 자기를 만족시켜 주면 그냥 웃습니다. '왜 이제 줘?'라고 이유를 묻지 않습니다. 과거를 묻지 않습니다. 걱정이 없습니다. 걱정이 없는 건 수녀들도 마찬가지입니다. 수녀들은 걱정이 없는 게 걱정입니다. 특히 기도만 하는 봉쇄 수녀일수록 웃지 않을 상황인데도 까르르 웃습니다. 사춘기 청소년들이 웃는 것도 그냥 좋기 때문입니다.

웃을 일이 있을 때 웃는 것도 좋지만 웃을 일이 없을 때 더 웃어야 합니다. 여러분, 우리 한번 큰 소리로 '심봤다!' 하고 소리 질러 보실까요? 산삼을 캐러 산에 간 심마니는 10미터 앞에서도 냄새를 맡는답니다. 우리도 냄새를 맡았다 가상하고 양손을 입가에 대고 천장을 바라보면서 명쾌하게 '심! 봤! 다!' 하고 세 번 외쳐 봅니다. 준비됐습니까? 네, 좋습니다. 시작! '심! 봤! 다!' 네, 다시 한 번 더요. '심! 봤! 다!' 마지막으로 시작! '심! 봤! 다!'

네, 박수를 치면서 '아하하하……' 길게 웃어 보십시오. 어떠세요? 속이 탁 트이는 걸 느끼시지요?

여러분! 웃을 일이 있어 웃는 것은 실상의 웃음이라고 하고요, 웃을 일이 없는데도 일부러 웃는 것을 가상의 웃음이라고 합니다. 이 두 웃음이 다를까요, 같을까요? 네, 똑같습니다.

여러분, 두 손을 넓게 벌리고 제가 드리는 과일을 받아서 드셔 보는 겁니다. 제일 신 게 우리나라 토종 석류입니다. 늦가을 재래시장에 팔려 나온 석류입니다. 잘 익어서 쫙 벌어졌는데 어때요, 달아요? 네, 십니다. 제가 잘 손질한 석류를 여러분께 들려 드렸다고 가상하고 한 10초 동안만 잡쉬 보세요. 맛있을 겁니다. 와,

달아요? "셔요, 셔요!"

네, 시면서 입에 무엇이 고였나요? "침요." 네, 바로 이런 현상
이 가상의 석류 맛이며, 여러분은 지금 침이 고였다는 확증을 확
인하셨습니다. 뇌는 조금 바보예요. '쓰다, 달다.' 할 때는 침이 안
생기다가도 '시다.' 할 때는 침을 분비시킨답니다. 일부러 치료되
기 위해 웃을 때도 뇌는 '아, 웃네.' 하면서 엔도르핀, 다이도르핀,
더 길게 웃을 때는 세로토닌, 엔카파린이라는 호르몬을 분비시킵
니다. 이것들은 피를 정화시키는 동시에 백혈구 지수를 올려 줍
니다.

여러분, 항암 치료를 받으면서도 백혈구 지수를 정상으로 유지
시켜 대장암 치료를 무사히 끝낸 1급 웃음치료사 '송파 신사' 선
생님이 계십니다. 이분은 회원을 모집하여 아침마다 석촌호수를
돌면서 웃고 있습니다. 지금도 웃고 계십니다. 개중에 항암 치료
를 끝내 못 마치는 안타까운 분도 있는데 이 이론을 아시면 누구
나 하실 수 있습니다.

한국웃음연구소 이요셉 소장님은 불치병이라고 하는 소아 아
토피를 웃음으로 완치시키신 명의 중의 명의입니다. 수천 명의 1
급 웃음치료사를 배출시키시는, 우리나라에서도 알아주는 분입
니다. 매년 후배 양성을 위해 '행복여행'을 하며 치료사들을 배출
하고 계십니다.

제가 목격한 50대 자매님의 사례입니다. "사모님, 두 달간 통장 정리를 하셔야겠습니다."라는 의사 말에 '이제 끝났구나.' 생각하고는 집에 와서 한 시간 정도 울었다고 합니다. 울다, 울다 문득 '두 달만 산다면 이왕이면 웃다가 죽자.' 생각했다고 합니다. 인터넷에 한국웃음연구소를 쳤더니 KBS 아침마당에 몇 번이고 나와서 한바탕 웃기던 사람이 소장으로 있었습니다. 단번에 신청하여 수업을 들었습니다.

이 소장님은 교외에 있는, 분위기가 아주 좋은 곳에서 교육을 시킵니다. 함께 수강한 사람들은 여기서 배워서 다른 이들을 가르치려고 자격증을 따러 온 사람들이었습니다. 그래서 웃음치료 방법에 주로 신경 쓰곤 했지만 이 환자는 실컷 웃다가 죽겠다는 마음이었으니 마음가짐이 달랐을 것입니다.

아침 8시에 시작해서 밤 11시까지 종일 웃는 일뿐이었습니다. 목숨을 걸고 웃은 이분은 3박 4일을 목이 쉬도록 웃었습니다. 그런데 이게 웬일입니까. 토요일 오후 귀가 시간이 되자 폐의 통증이 온 데 간 데 없이 사라졌습니다. 웃을 때 NK(내추럴 킬러) 세포라는 자연 살상 세포가 생기는데, 이 세포는 암세포를 집중적으로 뜯어 먹는 성질이 있습니다. 이 자매님이 3일간 웃는 횟수가 다른 이의 몇십 배였을 것입니다. 웃으면 생성되는 NK 세포가 암세포를 뜯어 먹는 영상을 보고는 더 확신을 갖고 웃었다 합니다.

신기한 일입니다.

이분은 병원 주치의를 찾아가 재검사를 해 주십사 청했습니다. 며칠 후 나온 결과에 주치의도 놀랐습니다. 의학적으로도 확실하게 암세포가 없어졌으니까요. 의사가 "암세포가 있던 흔적은 있지만 암세포가 완전히 소멸됐는데 어디를 다녀오셨나요?"라고 물었다 합니다.

"저요? 웃음치료자격증 따는 한국웃음연구소에 다녀왔어요."

그분이 내 바로 다음 기수니까 9년이 된 지금도 더 예뻐지고 활발하게 활동하고 계십니다. 그분 때문에 그 병원은 수간호사도 훈련을 받고 매주 1회 환우들과 환우 가족들에게 훈련시키는 병원으로 유명해졌습니다. 암 환우들이여, 우울증 환우들이여, 하루에 20번씩 꼭 웃으시길!

이번에는 웃음의 종류를 소개하려 합니다. 핸드폰 웃음법, 최불암 웃음법, 터널 웃음법, 공중전화 웃음법 정도만 해도 만족하실 것입니다.

아무 데서나 킬킬대며 웃다간 사람들이 '맛이 갔구먼.' 할 겁니다. 길을 걸을 때는 그냥 걷지 말고 핸드폰을 꺼내서 귀에 대는 것입니다. 그러면 사람들은 통화하는 줄 알 것입니다. 큰 목소리도 상관없습니다. '여보세요! 안녕하세요.' 두 번만 '네네.' 하고는 그냥 크게 웃어젖히면 됩니다. 한없이 웃는 것도 이상하니 한두

마디 자연스럽게 말을 합니다. '뭘요! 네! 감사해요' 등등.

그리고 이왕 핸드폰을 들었으니 서너 번 더 크게 웃어 줍니다. 이렇게 핸드폰에 대고 웃다 보면 다른 이들은 다 속아서 "멋지네." 합니다. 나는 가끔 길가 가로등 기둥에 기대어 웃으며 이렇게 말합니다.

• **최불암 웃음법:** 다른 웃음보다 열 배 효과가 높다는 웃음법이다. 국민 탤런트 최불암 선생은 소리를 내면서도 웃고, 소리를 안 내고도 웃는다. 푸하하하. 소리가 없어도 경쾌하고 재밌다.
최불암 웃음법으로 웃을 때 양손에 와인 잔을 들었다는 가정을 한다. 오른손은 적와인이 담긴 사랑의 잔이다. 왼손은 백와인 잔이다. 손을 꽉 쥐는 게 아니고 뚱뚱한 잔을 드는 폼으로 넓게 벌리고 양손의 와인을 칵테일을 한다. 적와인을 백와인에 붓는 시늉을 한다. 올리는 데 5초, 옆으로 가는 데 5초, 높은 데서 따르는 시늉을 5초 정도 해 준다.
처음에는 오른손이 왼쪽으로 할 테니 '부어라!' 하면서 서서히 붓는다. 다음에 왼손 잔을 '따라라!' 하면서 15초. 세 번째는 두 손이 한 잔을 집는 시늉으로 '마셔라!' 하면 두 손을 올리고 위에서 입쪽으로 가면서 5초를 준다. 위에서 흉내를 내는데 목은 위를 향해 든다. 목은 얼굴이 천장을 바라볼 정도로 뒤로 탁 꺾고, 위에서 아

"네, 회장님. 저희 동네에도 152번 버스 있어요. 네! 하하하."

지금까지 길거리에서 크게 웃는다고 '이상한 수녀'라고 한 사람은 없습니다. 오히려 '참 멋지다.'란 소리를 들었습니다.

전철역 주변에는 공중전화 박스가 있는 곳도 있습니다. 전화기 박스가 눈에 띌 때는 그 안으로 들어가 왼손으로 수화기를 들고

래로 붓는 시늉을 하면서 천장을 바라보고 웃는다.

이 모션을 정직하게 하고, 끊이지 않고 웃다 보면 심한 기침이 나온다. 바로 이때가 치료 시간인 것이다. 최고 효과가 있는 웃음법이다.

• 터널 웃음법: 앞에 터널이 보이면 숨을 들이마시고 준비를 한다. 터널에 진입하자마자 큰 소리로 웃는다. 혼자 차 안에 있고, 다른 차들은 내 차에 관심이 없기 때문이다. 하염없이 '아하하하!' 맘껏 웃어댄다. 터널을 다 빠져나갈 때까지 웃는다. '왜 이렇게 긴 거야?' 하면서 웃어야 한다. 혹시 가족 중에 웃음을 모르시는 분이 동행하면 터널 지나갈 때까지 내가 웃으니 놀라지 말라고 하고 웃으면 된다. 이 시간이 적어도 30초, 길게는 1~2분 걸린다. 서울에도 남산터널부터 터널이 꽤 많으며, 설악산 가는 데는 20개가 넘으니 놓치지 말고 웃기를 바란다.

는 오른손으로 번호를 누르는 척합니다. 당연히 동전은 절대로 넣지 않습니다. '네! 여보세요? 네.' 하면서 한바탕 웃고 나온다 해도 사람들은 관심을 두지 않습니다. 행여 눈길을 준다 할지라도 '저 수녀님은 핸드폰이 없나보네.' 하면서 갈 뿐이지요.

전에 수유리 성당에서 특강을 했습니다. 그곳에는 빨간색 공중 전화 박스가 있는데 어르신들이 가끔 그 전화기를 들고 웃으신다고 합니다. 하하하.

환자가 있는 병실에 가서도 웃으면 좋다는 것 다 아시죠? 제가 손가락을 한 개 펴면 '하!' 하고 한 번, 2개를 펴면 '하하!', 3개를 펴면 '하하하', 10개를 펴면 '파하하하……!' 하고 10번을 웃으면 잠시나마 마음이 편해지고 가볍게 될 수 있습니다.

웃음의 요소가 세 가지가 있는 것 꼭 기억하면 좋겠습니다. '첫째, 웃음은 크게 웃는다. 오른손을 둥글게 원을 그리면서 크게 웃습니다. 둘째, 웃음은 길게 웃습니다. 오른손을 가슴에서부터 앞으로 길게 표시를 합니다. 셋째, 배가 아프도록(배를 쓰다듬으면서) 웃습니다.

특히 아버님들께 드리고 싶은 말씀이 있습니다. 가끔은 쇼를 할 필요가 있다는 것입니다. 간밤에 부인과 말다툼을 해서 화가 났다면 아침에 부엌에서 아침 준비하는 부인에게 맘에 없는 소리라도 이렇게 해 줍니다.

"여보, 나 다녀올게! 수고해!"

용서가 안 되는 상태에서 다가가서 안아 주면서 '미안해. 사랑해.'라는 말은 못 해도 그냥 불러만 주는 것입니다. 부인은 순간적으로 다툼을 잠시 잊은 채 '어? 저 사람 말 붙이네.' 하면서 착각합니다. 밖에 나가서도 '나 다녀올게.' 한 그 말 때문에 기분이 조금 가벼워질 것입니다. 즉시 말을 붙이는 습관은 가정을 살리는 명약이기도 합니다. 좋은 습관은 몸과 마음을 건강하게 합니다.

우리의 선조는 아브라함입니다. 하느님께 대한 온전한 믿음으로 우리의 길잡이가 되신 아브라함에게 하느님께서 자손을 점지해 주셨으니 그의 이름이 '이삭'입니다. 이삭은 벼 이삭, 보리 이삭이 아닌 히브리어입니다. 우리나라 말로 번역하면 '웃다', '웃음'입니다. 그러니 하느님 아버지께서 우리에게 웃음을 선물로 주셨고, 웃어야 한다는 명령을 주신 것입니다.

자나 깨나 당신 생각, 앉으나 서나 웃음소리! 이것이 하느님의 선물임에 감사드리고, 아브라함이 이삭을 애지중지 키우셨듯이 우리 모두 웃음을 떠나지 말고 늘 곁에 두고 살기 바랍니다. 그럴 때라야 하느님의 맘에 드는 자손이 될 것입니다.

좋은 일이 있을 때만 웃는 게 아니고 웃을 일이 없을 때도 웃다 보면 뇌가 세로토닌, 엔카파린 호르몬을 펑펑 분비시켜 피를 깨끗하게 하고 마음을 평안하게 하는 동시에 기쁨을 줍니다. 하루

에피소드 5. 웃음치료사 수녀

에 적게는 30번 웃는 습관을 들이도록 합시다.

저는 로사리오 기도를 20단 하고 길을 걸으면서, 전철 안에서 성모님께 봉헌합니다. 묵주 알을 처음으로 되돌릴 때면 한 알 집고 '파하하하……!' 10초를 웃습니다. 다음 알맹이를 쥐고 숨을 깊게 쉰 다음 내뿜으면서 '파하하하……!' 또 10초를 웃습니다. 어느새 묵주 알을 이용한 웃음이 열 번이 됩니다. 열 번은 금방 웃을 수 있습니다. 기분 안 좋은 일이 있을 때 항상 묵주를 꺼내 들고 적어도 열 번은 웃습니다. 이렇게 웃으면 기분이 상쾌해짐을 느낄 수 있습니다.

일본의 어느 산골 탄광촌에서 생긴 실화입니다. 석탄을 채취하러 아침에 광부들은 갱도로 들어갑니다. 작업을 다 마치고 엘리베이터를 타고 올라오는 광부들의 얼굴은 들어갈 때와는 달리 새까맣습니다. 흘러내리는 땀방울을 소매 부리로 훔쳐 내지만, 이내 얼굴은 석탄가루로 범벅이 됩니다. 그들이 갱도에서 올라올 때는 얼굴이 새까맣게 돼서 누가 누구인지 잘 알아보기 힘듭니다. 누구의 남편인지, 누구 아버진지 전혀 모를 만큼 새카맣게 칠해져서 올라옵니다.

그런데 매일처럼 아버지를 기다리는 열 살배기 꼬마가 있었습니다. 아버지가 바라보기 좋은 담 쪽에 붙어서서 추우나 더우나 한결같이 아버지를 기다리는 꼬마 아들! 궁금하기 짝이 없는 사람은 단 한 명, 정문을 지키는 수위 아저씨였습니다.

"꼬맹아! 저리 알아볼 수 없게 새카만 사람 중에 너의 아빠를 찾을 수 있겠니?"

수위 아저씨는 머리를 갸우뚱하며 아이에게 물었습니다. 아이는 이렇게 대답했습니다.

"아저씨, 저도 누가 아빠인지 전혀 몰라요. 알 수가 없어요. 그런데요, 우리 아빠가 내가 있는 쪽으로 꼭 머리를 돌리시면서 활짝 웃으세요. 웃는 얼굴을 보고 아빠란 걸 알 수 있어요. 나는 아빠를 몰라보지만 우리 아빠가 나를 알아보세요. 그래서 나는 우리 아빠를 기쁘게 해드리기 위해 이 시간에 오면 되어요."

정말 훌륭한 답입니다. 이 수녀도, 누가 몰라주고 부정적으로 생각할지 몰라도 나의 하느님, 나의 아버지를 생각합니다. 저 하늘에 계신, 아니 나의 바로 곁에 계신 하느님께서는 날 알아보고 기뻐하실 것이라고 믿습니다.

그러면 난 만족하고 행복해집니다. 그래서 언제나 기쁜 소식을 들고 방방곡곡에 다닙니다. 교도소로, 양로원으로, 어르신대학으로, 학교로, 부르는 곳이면 흥분한 채 아코디언을 핸드카에 싣고 대문 밖으로 나갑니다. 내 발걸음을 주님께서만 알아주신다면 제일 행복합니다. 그래서 이 세상에서 내가 하는 일을 제일 좋아합니다. 그 일이 어떤 것일지라도. 내가 나를 사랑할 때라야 다른 사람도 사랑할 수 있기 때문에.

우리 모두 두 손을 가슴에 십자형으로 올리고 나를 토닥이면서 "나는 내가 참 좋다. 아무 조건 없이 좋다. 하느님도 나를 사랑하시는데 나는 내가 참 좋다." 하면서 노래를 불러 봅니다. 생일 축하곡에다 개사를 합니다. 자, 나를 토닥거리면서요.

'나를 사랑합니다, 사랑하는 나에게 웃음을 선물합니다.' 하면서 나를 위해서 손뼉 치며 '하하하…….' 하고 웃으십시오. 다음엔 옆 사람과 '우리 사랑합니다, 우리 사랑합니다, 사랑하는 우리에게 웃음을 선물합니다. 하하하…….'

감사합니다. 지금 이 시간뿐만 아니고 언제나, 시도 때도 없이 많이 웃고 행복하십시오.

옷아, 고맙다

평화시장에서 이름난 웃음보따리 아저씨가 있다. 이분은 옷을 파는 평범한 상인이다. 이분의 출근 시간은 이르다. 다른 상점들보다 2시간 일찍 가게 문을 연다고 한다. 문을 열면 100여 개의 옷들이 벽에 걸려 있다. 백화점처럼 마네킹에 입혀져 있지 않고 옷걸이에 걸려 있다. 그분에게는 옷 한 벌, 한 벌 모두 아름답고 예쁘다. 첫 번째 옷에게 말한다.

"너는 허리선이 예쁘다고 사 가셨단다. 옷아, 고맙다."

두 번째 옷에게는 색상이, 세 번째 옷에게는 칼라가 예뻐서 몇 개 팔렸다고 말한다. 하나하나에게 '고맙다, 감사하다, 사랑한다' 하면 한 시간이 훌쩍 간단다.

셔터 문을 열기 전에는 문 옆에 붙여 놓은 중국 격언을 본다.

"네 얼굴이 미소 띤 얼굴이 아니면 문을 열지 마라."

100여 개 옷에게 '사랑합니다.' 했으니 얼굴엔 활짝 웃음이 가득하다.

자신 있게 셔터 문을 열자마자 또 놀란다. 10명 이상이 주인을 기다리고 있다. 물건 좋고 늘 반갑게 맞이해 주는 옷 가게 주인은 인기가 무척 좋다. 현찰로 옷을 사 가기 때문에 오전에는 은행에서 돈을 가지러 오기까지 한다. 은행에서 사람이 오면 주인아저씨는 자신에게 잠시 머물렀다 가는 돈에게 "돈들아, 고맙다. 또 놀러 오너라." 한단다. 매사에 기쁨이 가득한 마음이 얼굴에까지 보인다.

고객의 지갑을 열기 위해서는 먼저 긍정적인 마음과 친절함이 필요하다. 그다음 말솜씨에 손님들이 지갑에서 돈을 꺼낼 것이다.

우리 성당 왔을 때는 ♬

나는 강의할 때 '시골영감 처음 타는 기차놀이에……' 노래를 개사해서 노래를 부른다.

우리 성당 왔을 때는 기쁨 덩어리
우리 성당 왔을 때는 기도 덩어리
우리 성당 왔을 때는 감사 덩어리
우리 성당 왔을 때는 웃음 덩어리
우리 성당 왔을 때는 행복 덩어리
으~ 하하하~ 하하하~ 하하하~

"여러분! 둘씩, 둘씩 손을 맞잡아 보세요. 오른손을 상대방에게 살짝 올리면서 '당신 멋져!', 오른팔을 구부리고 위아래 하면서

'당연하지!', 자기를 가리키면서 '나도 멋져!', '당연하지!' 합니다. '당신 최고야!', '당연하지!', '나도 최고야!', '당연하지!' 합니다. 당신이 멋지고, 내가 멋질 때 이 세상이 멋진 겁니다."

유머 몇 가지

김현남 수녀님

김 ♬ 김씨가문 명예걸고 복음전파 성직의길

현 ♬ 현생에서 테레사님 나눔봉사 헌신하고

남 ♬ 남은인생 오직한길 약자위해 투신했다

수 ♬ 수녀의길 참사랑은 어두운곳 촛불밝혀

녀 ♬ 여장부로 한평생을 신앙으로 교화시켜

님 ♬ 님의참뜻 온누리는 평화롭고 행복하네

_김용진 작

택시10,000 보면

족두리 쓴 모양을 한 택시가 서울역에서 "아주머니, 어서 타세요." 하길래 서울 사람들은 참 친절도 해라 하면서 냉큼 택시를

에피소드 5. 웃음치료사 수녀

타고 길음동 성당까지 왔다.

"아주머니, 10,000원 나왔어요."

가슴이 덜컹 내려앉은 아주머니는 "저런, 돈을 내라고요?" 하며 얼떨결에 10,000원을 주고 집에 돌아갈 노자를 챙기고 나니 우리 수녀들 사탕도 못 사 왔다면서, 족두리 쓴 택시는 당최 타면 안 되겠다며 속상해하셨다.

나는 우리 어머니의 사탕값을 채 간 족두리 쓴 택시10,000 보면 어리숙한 어머니의 모습이 아른거린다.

눈깔이 무섭잖아!

본당에서 가정 방문은 사목의 필수다. 신부님과 수녀 2명이 어느 가정을 방문했을 때 이야기다. 그 댁에는 서너 살 여자아이가 있었는데 수줍음을 잘 타는 깜찍한 아이였다.

신부님께서, "얘야, 이리온! 아이고 많이도 컸구나. 영세 받을 때는 작았는데 무척 예뻐졌구나. 이리 온, 신부님이 안아 줄게." 하셨지만 "싫어, 싫어, 안 갈래." 하면서 엄마 치맛자락을 돌돌 말면서 아예 엄마 뒤로 꼭꼭 숨었다.

"얘야, 신부님께서 오라 하시잖니. 신부님께 가 봐!"

아이는 엄마 뒤에서 얼굴만 빼꼼 내밀고 이렇게 말했다.

"싫어, 싫어! 눈깔이 무섭게 생겼잖아! 무서워, 안 갈래."

얼마나 솔직한 표현인가! 방 안은 웃음바다로 변하고, 신부님 왈, "맞다, 내 눈이 올라간 게 무섭다는 게 맞다." 하며 손뼉을 치셨다.

주일날 강론 때 미사 서두에 신부님이 "여러분, 제 눈깔이 무섭게 생겼나요?" 하니 본 성당이 웃음바다로 변했다. 신부님의 솔직하신 말씀에 '맞아요, 맞아요'들 했다. 왜냐하면 얼굴은 미남이지만 과묵하신 데다 치켜 올라간 눈을 보면 어르신 할머니들은 가까이하기에 어려우신 신부님이셨기에 더 크게들 웃었다.

"교형자매 여러분, 내 눈이 무섭게 올라간 걸 가정 방문 갔을 때 네 살배기 아이가 '눈깔이 무섭게 생겼잖아!' 하는 걸 들으면서 많이 반성하고 느꼈어요. 눈은 올라갔지만 웃어서 눈꼬리가 올라가는 웃는 얼굴로 만들려고 합니다."

예쁜 계집아이의 말 한마디가 세상을 바꿔 놨다. 아이들이 선생이다. 아이한테 배울 게 많다.

하느님과의 관계

성당의 마리아 반장은 신부님 보시기에 착실한 교우다. 마리아 반장은 집에서도 시부모님께 잘해 드리는가 보다.

하루는 시어머니께서 "어멈아, 내가 절에 그만 가고 네가 다니는 성당에 가면 안 되겠니?" 하고 묻는다.

"고맙습니다, 어머님."

마리아 반장은 주일날 시어머니를 모시고 성당에 가서 신부님께 인사를 시켜 드렸다.

"자매님이 아는 교리를 어머님께 가르쳐 드리면 두 달 후 본당 어르신들 세례식 때 함께 세례를 드리겠습니다."

어머니를 집에 모시고 가서 중요한 교리를 알기 쉽게 설명해 드린다. 하지만 소용이 없다. 어제 들은 것은 오늘 다 잊어버리신다. 반복에 또 반복, 지치지 않고 교리를 가르친 마리아 반장.

얼마 후 면담일이 가까이 왔기에 "어머님, 이번 교리는 신부님께서 누구에게나 꼭 물어보는 질문입니다. 잊어버리지 말고 외우세요."라고 신신당부를 했다. 질문인즉 "하느님과 할머니와의 관계가 어떻게 되십니까?"였고 답은 "'아버지' 관계입니다."였다. 이에 시어머니는 "애야, 배운 것 중에 제일 쉽구나." 했다.

걱정 없어 보이시길래 며칠 후 사제관으로 모시고 갔다. 사제관 문을 여는 순간 어머니는 바짝 긴장했다. 어머니는 소파에 앉으셨고, 질문이 시작되었다.

"할머니, 하느님은 몇 분 계세요?"

"한 분 이래쟈?"

"네, 맞습니다."

"할머니, 이 한 분이신 하느님과 할머니는 어떤 관계가 되시나요?"

까마득하다. 그런데 어렴풋이 '아버지'라는 말이 생각났다. "제가 따져 보리다." 하며 뒤로 돌아앉으시더니, "우리 자부의 아버지! 아버진가?"라는 답이 나왔다. 안심하려는 순간, "네, 그러니 제 사돈어른이십니다." 하신다.

마리아 반장이 앞이 캄캄해지려는 순간, 신부님의 말씀이 들렸다.

"잘 대답하셨어요, 할머니. 할머니께서도 세례를 받으시면 아버지 관계가 됩니다. 대답 잘하셨어요."

망신을 안 드리고 박수를 쳐 주셨다. 이 어르신께서는 세례를 받고 착실하게 신앙생활을 하신다. 묵주기도를 바칠 때 '하늘에 계신 우리 아버지'라는 대목에서 "아이고, 부끄러워라, 망신스러워라, 원. 하늘에 계신 우리 아버지를 사돈어른이시라고 했으니……." 하시면서 평생 '우리 아버지'를 잊지 않고 지내신다.

분-향, 분-향!

열심한 집 규수가 시집을 가는데, 관면혼배를 하고 외인 댁으로 갔다. 제사 대신 연도를 바쳤기 때문에 제사 형식을 알 길이 없었다. 시집가자마자 시댁 제사상을 차렸지만 제사 때 안 나타나려고 무명 앞치마를 두르고 식솔들과 부엌으로 들어가 허드렛일

에피소드 5. 웃음치료사 수녀

을 한참 하는데, 신랑이 부른다.

"우리가 장손이라 제일 먼저 제사상에 분향을 올려야 하니 준비하시오."

마음속으로 '예쁜 목소리로 해야지.' 생각하고는 "네, 올라가요." 하더니만 제사상 앞까지는 잘 갔다. "자, 시작합시다." 신랑의 명령이 떨어지자마자 아주 예쁜 목소리로 "분-향, 분-향……." 하염없이 '분향' 소리만 내고 있었다.

신랑은 창피스럽고 망신스럽다는 신호로 아내의 옆구리를 탁탁 쳤다. 하지 말라는 손짓인데, 이 며느리는 '내 소리가 작다는 건가 봐!' 하며 목소리를 더 올려 밖에 있는 사람들에게까지 들릴 정도로 큰소리로 "분-향, 분-향!" 했다 한다.

신부님 먼저 드셔

나이 드신 분들께 혜택을 드리면서 3개월 만에 세례를 받으신 어르신이 계셨다. 어르신이 자전거를 타고 다니시다 얼굴이며 다른 곳도 심하게 다치셨다. 봉성체를 하는 날 참석할 수 없게 되자 신부님은 수녀들에게 "이 어르신 댁에 들르니 성체를 더 준비하세요." 하고는 수녀들과 어르신 댁을 병문안 겸 방문했다.

"봉성체는 예수님의 몸으로, 성당에서는 가장 크게 존경과 경의를 표합니다. 어르신, 제가 '그리스도의 몸!' 하면 '아멘!' 하시고 받아 영하시면 됩니다."

하얀 성체 모양이 밀가루로 지진 과자처럼 생긴 게 지금 500원짜리 동전보다 3mm 정도 크다.

신부님께서 성체를 어르신 입가에 가져가서는 "그리스도의 몸!" 하셨다.

"신부님 먼저 드셔……."

앵두나무에 밀가루 뿌린 어머니

우리 집에는 앵두나무가 있었다. 하루는 어머니가 동네 아이들을 모아 놓고는 "이 할머니가 앵두나무에 벌레 못 오게 디디티를 뿌렸다. 잘못 먹었다간 큰일 나니깐 먹으면 안 된다."며 신신당부하셨다.

이를 들은 아이들이 다른 아이들에게 달려가서 "앵두나무 집 할머니가 디디티를 뿌렸대. 절대 먹지 마." 하고 말했다.

밀가루를 뿌려놓고 선의의 거짓말을 하신 것이다.

어머니 생신날이면 따님 수녀들이 휴가를 온다. 앵두가 빨갛게 익는 5월 16일(음력)에 우리는 커다란 쟁반에 소복이 담긴 빨간 앵두를 맘껏 먹었다. 하하하.

거울빨래 수녀한테 걸렸니?

에피소드 6

신바람 수녀

이 루이제, 산야

성악가의 마지막 사부곡

지금은 천국에 가신 김대군 신부와 김대봉 작곡가의 모친은 유명한 성악가였다. 무대에 설 때마다 적극적으로 외조해 주신 남편이 계셨기에 당신이 멋있는 무대를 만들 수 있었다고 늘 말씀하셨다. 안타깝게도 사랑하던 남편이 긴 투병 끝에 임종이 가까워졌다. 남편이 말했다.

"여보, 당신에게 청 하나 해도 될까? 죽기 전에 당신 목소리를 듣고 싶은데……."

한 곡만 선물해 주길 바라셨다.

"당연하지요. 제가 한평생 당신 때문에 무대에서 얼마나 많이 노래를 불렀는데요. 네, 당신을 위한 노래를 부르겠습니다."

병실이라 조용하면서도 감동에 찬 노래를 오롯이 남편에게 바쳐 드렸다는 얘기를 생전에 김대군 신부님께서 직접 들려주셨다.

이 말씀과 감동의 마음을 나는 깊이 간직하고 있었다.

도림동 성당 돈보스코 유치원 원장으로 재직할 때였다. 성당에 오는 신자 수는 많았지만, 주일 미사 때 부르는 성가가 무척 약하다는 생각이 들었다. 성가대 모집을 하기로 작정했다.

아파트 단지 다섯 군데만 돌아도 40명은 모집할 수 있을 것이란 야심을 가졌다. 그곳 구역장님들께 피아노 있는 집으로 8~10명씩 초대해서 일주일에 한 번씩 방문했다. 40~50대 자매님들이면 조건 없이 집합시켰다.

"미사 때 주님을 찬미하면 미사의 은사가 100퍼센트입니다. 내 젊음을 가지고 어찌하여 아래층에서 미사를 합니까? 일반 신자석은 연세 있으신 분들께 양보하시고 우리는 2층 성가대로 올라가십시다. 주님께서 꼭 금자로 재고 계실 겁니다."

"사랑은 언제나 오래 참고……" 알토부터 연습하고 10명이 2부로 노래하니 느낌이 전혀 달랐다. 성가 연습을 하면서 남편을 위한 마지막 노래를 부르신 신부님 모친 예화를 들려드리며 더욱 용기를 북돋워 주었다. 감동에 감동을 받은 자매님들은 "성가대에 받아 주세요. 꼭 가겠어요."라고 약속했다.

소문이 금방 퍼졌다. 큰 아파트 단지는 일주일에 두 번 가서 연습시키니 3주 만에 성가대 단원 40명이 확보됐다. 일반 주택에는 기존 성가대원들이 계셨다. 이때 하늘이 놀라시어 예수님께서 지

에피소드 6. 신바람 수녀

휘자를 보내 주셨다. 성가대가 다 모집된 그날 고향 후배인 소프라노 최명숙 교수에게서 느닷없이 전화가 온 것이다.

"수녀님, 그 본당에 지휘자 필요하세요?"

"명숙아, 어떻게 된 거니?"

"수녀님, 남편이 교환교수로 독일에 가기로 되어 있어서 강남 큰 본당 성가대 지휘를 내놓고 집에 있어요."

나는 최 교수에게 지금까지의 이야기를 들려주었다.

"명숙아, 이 수녀의 축일이 2월 26일이니까 니가 나를 위해 아베마리아 좀 불러주련? 성악곡으로 앵콜도 준비해 줄 수 있겠니?"

그러면서 "일반 유치원 강당에서 부르는 건 체면이 안 서지?" 했지만, 그녀는 남편의 만류에도 불구하고 수녀님 영명축일 축하곡으로 노래를 부를 거라고 했다.

자모들 150명, 성가대원 40명 등 200명이 최명숙 교수의 노래를 들을 수 있었다. 이런 주님의 선물을 받고 우리 모두는 기뻐했고, 성가대는 착실하게 진행되어 갔다. 그때 성가대 단원들은 지금까지도 모임을 가질 정도로 서로 정이 들었다.

무당 옷 만드는 가게

나는 춘천 죽림동에서 1982년부터 1986년까지 5년을 살았다. 그곳의 말단 직원인 성당 종지기는 참 훌륭한 삶을 사셨다. 매일 종을 치고, 월요일이면 겨울이든 여름이든 문을 열어 놓고 마룻바닥 사이사이 흙먼지 하나 없이 빗질하고 마대로 걸레질을 하셨다. 성실하고 충직했다.

그분은 삼형제를 두었는데 그중 차남이 사제가 되었다. 후배들에게 좋은 표양을 주면서 당신 아버지께서 종지기였다는 걸 부끄럽게 생각하지 않았다.

이 신부에게는 가난하지만 신앙이 굳은 어머니가 계셨다. 그분의 이야기다. 종지기 청소부로는 자녀들 공부시키기가 어려우니 어머니도 일자리를 찾아 나섰다. 양장 바느질 솜씨보다 한복을 잘 짓기에 약사리 고개에 있는 무당 옷 만드는 가게라도 취직을 했다. 삯바느질을 하여 아이들 학비에 보탤 참이었다.

어느 날 그곳 주인 할머니가 대굿을 한다고 "무당이 작두에 올라가면 자네가 작두잡이를 하라."는 명령을 내렸다. 간신히 "네."라고 대답은 했지만 하느님께 죄송하기 짝이 없었다. 하지만 그 일을 못 하겠다고 하면 일거리가 사라질 테니 달리 방도가 없었다.

드디어 때가 왔다. 신이 올라 무르익은 무당이 작두에 올라갔다. 작두를 잡아 주는 두 손이 떨려 이루 말할 수 없이 흔들리기 시작한다.

"주님!"

드디어 기도가 시작됐다. '목구멍에 풀칠하기 위해서니 용서해 주세요. 이 무당이 굿하는 데 조금도 동조하지 않겠습니다. 불쌍히 보아 주세요. 주님, 그 대신 주의 기도를 바치겠습니다.' 하면서 '하늘에 계신 우리 아버지! 아버지의 이름이 거룩히 빛나시며 아버지의 뜻이 하늘에서와 같이 땅에서도 이루어지소서.'라고 속으로 기도를 바쳤다.

그때였다. 작두에 오른 무당의 발이 피투성이가 되어 쓰러졌다. 기다랗게 칼자국이 나면서 쓰러진 무당은 병원으로 실려 갔다. 주인 할머니는 "자네가 믿는 하느님이 이기셨네그려! 나도 성당에 간다."면서 그 자리에서 선언을 하셨다.

그 할머니가 우리 수녀들에게 직접 들려주신 것은 꽤 오래전의 일이다. 그분은 세례를 받으시고 레지오 단장까지 하면서 열심이었다. 신부님 어머니는 무당 옷 만드는 가게를 한복 가게로 바꾸고 대우를 잘 받으며 옷을 지었다. 나는 그 댁 둘째가 군에서 갓 제대해서 집에 있을 때 어렵사리 말을 꺼냈다.

"두 분 부모님의 신앙으로 보나, 삶으로 보나 세 아드님 중 한 명은 사제가 되기를 간절히 기도합니다."

부모님의 기도와 우리의 기도로 협조해서 그 댁 둘째는 훌륭한 사제가 되었다. 나에게는 처음으로 사제의 길로 인도한, 흔히 말하는 아들 신부가 태어난 것이다. 신부님은 강촌의 작은 성당을 비롯해 강릉 등 여러 곳으로 다니셨다. 신부님은 월요일이면 소주 한 병을 들고 어머니 품에서 하루 묵고, 화요일이면 본당으로 가는 효자 중의 효자다.

지금은 내면에 있는 시골 성당에서 오로지 한길 외길을 가는 정기원 미카엘 신부가 그분이다. 신부님을 위해 함께 기도해 주기를 청한다.

신부님은 늘 이런 말을 한다.

"내 인생을 바꿔 주신 우리 어머니 수녀님이십니다."

참 고맙고 기쁠 뿐이다.

아름다운 어머니, 위대한 어머니

자녀들에게 말할 때는 설득력 있게 설명해야 뒤탈이 없다. 자세하게 말이다.

"애야, 문구점에 가서 만년필 잉크를 사 오너라. 아빠가 쓰는 색깔은 청색 잉크란다."

이렇게 구체적으로 말해 주어야 한다. 잉크를 사 올 때 다른 색깔을 사올 수 있기 때문이다.

한 지혜로운 엄마의 이야기이다. 큰애는 다섯 살, 작은애는 네 살 때였다. 아이들과 함께 회사에 견학을 갔는데 주로 어머니들을 위한 공장 견학 프로그램이었다.

"진수야! 영수야! 엄마는 다른 엄마들과 같이 저 공장 안에서 뭐 하나 보러 갈 거야. 그런데 다니다 보면 시간이 조금 늦을 수도 있단다. 엄마 꼭 돌아오니깐 참아야겠지? 울지 말고 간식도 먹고 장난감도 가지고 놀고 있을 거지?"

엄마의 예견대로 공장 견학에 시간이 조금 더 소요됐다. 진수와 영수는 차분히 엄마를 기다렸다. 다른 엄마들이 '엄마 금방 오니까 걱정하지 말거라.' 이렇게 거짓말로 대충 달랜 아이들은 소리 내서 '엄마!' 하고 울기 시작했지만 진수와 영수 두 형제는 울지 않았다. 엄마가 조금 늦을 수 있다고 솔직하게 말했기 때문이다.

또 자녀들에게 칭찬을 아끼지 말고 힘껏 껴안아 주고 자신감을 키워 줘야 사는 동안 어려운 일이 있어도 잘 헤쳐 나갈 것이다. 그 아이들은 지금 싱가포르에서 조종사로, 과학자로 큰일을 하고 있다.

엄마들은 지혜로워야 한다. 오세민 신부님은 4살 때 어머니께서 "토마스야, 기도드리자." 하면 미처 신발도 못 벗고 뛰어 들어와 헐떡거리면서 "빨리 가르쳐 줘." 하면서 무릎을 꿇고 기도 손을 했다고 한다. "그때부터 하느님께서 기도하는 애기와 함께하셨다."고 어머니께서 말씀하셨다.

6세 이전에 인격 형성이 이루어지니 어린이 신앙 교육에 풍부하게 성인전을 들려주면 얼마나 좋을까.

우리 수녀회 창설자 성재덕 베드로 신부님께서도 초등학교 때 성당 복사를 하기 위해 눈보라가 쳐도, 장대 같은 비가 와도 본당에덴성당으로 빠짐없이 달려갔다 한다. 미사 때 복사를 서기 위해 두 손 모으고 기도하던 때를 기억하신다.

성체를 모시고 집으로 오면 집에서는 어머니께서 베드로가 올 때쯤 해서 작은 종을 딸랑딸랑 쳤다고 한다. 그러면서 아버지부터 형님들, 누이동생들에게 베드로가 들어오는 현관을 향해 서서 주님께 경배드릴 자세를 하게 하셨단다. "베드로 안에 모셔진 예수님께 경배 드리자." 하면서 복사를 서고 돌아온 아들 앞에서 잠시 기도하게 하셨다. 그렇기에 여러 남매 가운데 사제가 되시어 머나먼 한국에까지 오시어 성가소비녀회를 창설하셨다. 그렇게 위대한 신부를 탄생시킨 어머니, 참으로 놀라울 뿐이다.

요즘은 어떤가. 피자로, 용돈으로 아이들을 키우기에 앞서 같이 두 손 모으고 남을 위한 삶, 신앙생활을 잘할 수 있는 주일학교에 나갈 수 있도록 신경 써야 한다. 아이들은 숨 한번 크게 쉬면 어른이 된다. 아름다운 어머니, 위대한 어머니를 가질 수 있게 힘껏 노력해 보는 것도 훌륭한 일일 것이다.

내가 초등학교 때 어머니는 가을 벼수확이 끝나면 먼저 쌀 두 가마니를 일꾼 손에 들려 마차에 싣고는 성당으로 향하셨다. 한 가마니는 본당 신부님 댁에, 다른 한 가마니는 본당 수녀원에 갖다 드리고, 다음 벼이삭을 찧어 윗방에 쌓아 놓으셨던 어머니의 신앙. 막내딸이 홍역을 앓다 죽게 되었을 때도 숨넘어가기 전에 포대기에 싸서 신부님 댁으로 가셨다. 영웅의 어른이 되는 견진성사를 받은 후 싸늘한 아기 시신을 집에 안고 오셨던 기억이 난다.

"어머니, 그 이름만 불러도 부자 된 마음입니다. 어머니의 사랑은 무조건 사랑이십니다."

그러는 니년은?

평생 욕을 잘하는 신부님이 계셨다. 하루는 레지오 단원들이 회합을 마치고 근처 칼국숫집으로 간다고 했다. 점심 식사 하러 가면서 조잘조잘, 시끌벅적 성당 마당을 지나친다. 신부님이 골동 대파이프로 담배를 피우시다가 단원들을 향해 말씀하신다. 보통 말씀에도 욕이 들어간다.

"에, 이년들아, 이리들 와 봐."

"왜요? 왜요?" 하면서 모두가 억지로 말씀을 들으려고 마당에 빙 둘러섰다. 시작이 욕이다.

"어떤 년이 고해 보러 들어왔더라. 지는 애들을 잘 키우려고 야단치면 시어머니가 애들 역성을 든다고 흉보길래 휘장을 들치고 '그러는 니년은?'"

우리는 속으로 '너무하셔, 우리 신부님.' 하고 투덜대면서 간신히 성당 마당을 빠져나왔다.

그런데 살면서 신부님께서 하신 말씀이 새롭게 다가온다. 그때 새댁이 현재 양로원을 운영하는 옥천 행복한 집 원장이 됐다. 할머니들이 대소변을 가리지 못해 침대에 마구 심하게 해 놓으면 '할머니!' 하고 큰 소리를 내고 싶어진다. 바로 그 순간 "그러는 니년은?" 하는 호랑이 신부님의 음성이 들려서 말을 이렇게 바꾼다 한다.

"할머니, 잘 보셨어요."

그 욕쟁이 신부님은 인정이 얼마나 많은지 모른다. 누나도 수녀님, 동생도 수녀님이다. 누나 수녀님과 나는 같은 수녀원에 있어 휴가 때 할아버지 신부님 댁에 가면 차비도 챙겨 주시고 맛있는 빵도 사서 기차역까지 자상하게 배웅해 주시곤 한다.

아일렌 조지 여사에게서 치유받다

내 나이 40 중반, 한창 활동적으로 일하고, 기도보다 사목에 열중할 때였다. 유혹자는 나를 유인하여 내 마음을 세속적으로 흐르게 한다.

한 학부형이 유치원에 밍크코트를 걸치고 예쁜 따님을 데리고 올 때는 '나도 저렇게 할 수 없나?' 하는 부러움이 나를 뒤흔든다. 잔잔한 마음보다 수선스럽고 혼란한 정신으로 살 때였다. '이래선 안 되지.' 하며 잘 통하는 후배 수녀에게 마음을 나누고 기도를 청했다. 지금은 천국에 가고 없지만 평소에 맘이 잘 통했다.

그 시기에 미국에서 치유의 은사를 많이 가진 아일렌 조지 여사라는 분이 오신다고 하기에 다른 거 다 제쳐놓고 세미나에 참석키로 했다. 명동성당 문화관에서 3일간 진행하는 성령 세미나에 등록했다. 하루 종일 '아이러브 갓, 아이러브 지저스!'를 부르짖으라고 했다. 화장실에 가서도, 쉬는 시간에도 이 말을 종일 하고 있는 수녀들이 우습기도 하고, 거룩하기도 했다.

3일째 되던 마지막 날, 통역을 맡은 수녀가 깔깔거리며 웃는다. 영어를 통 못 알아듣는 우리 수녀들은 뭔 일이기에 저렇게 크게 웃을까 궁금하기 짝이 없다. 통역 수녀가 이렇게 말한다.

"왼쪽 뒤편 창가에 남자 한 분이 와 계시는데 저 사람은 성모병원 의사랍니다."

수녀들 모두의 시선이 그쪽을 향하면서 우레와 같은 박수가 쏟아졌다. 통역 수녀가 그 남자에게 "맞습니까?" 하니 "네, 맞습니다. 교구청에 볼일이 있어 왔다가 수녀님들께서 뭘 하시나 하고 들어왔습니다. 죄송합니다. 곧 가겠습니다." 하며 밖으로 나갔다.

수녀들은 의혹이 많고 잘 믿으려 하지 않기에 하느님께서 믿음을 굳건히 하기 위해 남자를 보내 주었던 것일까? 대부분의 수녀들은 이렇게 생각하면서 치유됨을 순순히 받아들였다.

처음에는 뒤쪽 오른쪽을 가리키며 "잘 들리지 않던 귀가 잘 들릴 수 있게 치유되고 있습니다."라고 했다. 두 번째는 "심하게 아픈 다리가 완전히 치유되었습니다." 한다. 잠시 후 "감사합니다." 하며 노인 수녀가 일어났다. 박수갈채가 채 식기도 전에 아일렌 조지 여사는 뒤편에 앉은 나를 가리키며 "성서의 위기에서 치유되고 있습니다."라고 했다. 내 거야 내 거! 가슴이 뜨거워짐을 느졌고, 이내 평온해진다. 두 번째보다 박수 소리가 크고 길었다. 같이 간 후배 수녀도 "수녀님, 이건 수녀님 거예요." 하면서 두 손을 꽉 잡아 주었다.

그래서 그런가. 그 이후 마음이 정상으로 돌아와 기도에 많은 시간을 보내게 되었다. 성령 기도회 때 이 체험담을 강의하면 축하의 박수를 받곤 한다. 은총의 시간이었다.

같은 날 아일렌 조지 여사가 치유된 말씀도 해 주었다. 당신은 암 투병으로 고생하고 있다고 한다. 한국에 와서도 이곳저곳 말씀 전하러 다니면 밤에는 힘이 많이 든단다. 숙소는 메리놀회 본부에 잡고 쉬신다. 그 본부 식당에는 김대건 안드레아 신부님 초상화가 걸려 있어서 성인께도 간절한 기도를 하곤 했단다.

간밤에는 갑자기 고열이 나면서 끙끙 앓고 있는데 잠긴 방문이 열리면서 갓을 쓰고 두루마기에 영대를 목에 걸친 남자가 들어왔다. '후아유?' 하면서 침대에서 일어나 자세히 보니 식당에 걸린 초상화 속의 성인 같았다.

"나는 한국에서 태어나 사제가 되어 이 땅에서 순교한 김대건 안드레아 신부다. 그 먼 타국에서 우리 민족 신자들에게 은총을 전달하기 위해 온 자매님을 내가 치유해 드리러 왔다."

강복 받을 준비를 하라면서 환자 머리에 손을 얹으시고 오래도록 안수를 해 주셨다. 기도 후 고열이 떨어지고 몸이 가벼워짐을 느꼈다. 지금 당신이 치유되었듯이 당신 나라 미국에서도 치유해 줄 테니 아무 걱정 말라고 하시고는 사라지셨다고 한다.

조지 여사는 30년이 지난 지금도 건강하게 이곳저곳 다니면서 성령 기도회를 통해 많은 이를 치유하고 있다. 다른 분께 간구하지 않아도 성인 김대건 안드레아 성인께 간구해 달라고 기도한다.

마리아의 휘앗을 살다

불도저는 토목공사에 사용하는 특수 자동차로 흙을 밀어내 땅을 다지거나 지면을 고르고 평평하게 하는 등 널리 쓰인다. 또 앞 뒤 헤아리지 않고 무조건 일을 밀고 나가는 사람을 비유적으로 이르는 말이기도 하다.

아주 오래전인 1982년으로 기억한다. 그때 내 별명이 '불도저'였지, 아마도……. 수녀원 소임으로 유치원에 전념하여 일할 때였다. 가는 곳마다 원아들이 떼 지어 몰려온다. 대부분의 본당 수녀들도 "김 메히틸다 수녀에게는 불가능이 없다."라고 입을 모으던 때였다.

보통 우리 수녀들은 본원에서 어른들의 전화가 올 때는 긴밀한 용무가 있다고 짐작한다. 어른 수녀님들이 현장으로 나가 소임에 바쁜 수녀들에게 안부 전화를 거는 건 흔치 않기 때문이다. 무엇보다 400여 명의 수녀들이 각자의 몫을 하면서 잘 살고 있기도 하기 때문이다. 그런데 총장 이완영 레오날드 수녀님한테 전화가 걸려 왔다.

"수녀! 의논할 게 있으니 시간 있을 때 총원으로 좀 와요."

진지한 음성이셨다. 웬일이지? 나를 어디로 보내시려고? 비행기를 타고 외국 유학을 보내시려나? 상상의 나래가 펼쳐진다.

흥분한 마음으로 버스를 타고 홍제동을 거쳐 북악터널을 지났다. 산천초목이 다르게 보였다. '내가 아주 한참 만에 고국에 돌아올 때는 이 터널도 좀 달라지겠지?' 한참이나 부푼 꿈을 꾸다가 총장 수녀님과 마주 앉았다.

"수녀님, 아주 힘든 데로 수녀님을 보내야 하는데 그곳은 본인의 답을 들어야 해서……."

어렵사리 말문을 연 총장 수녀님의 입에서 나온 단어는 '춘천 죽림동 성심유치원'이었다. 사방이 막혀 버린 듯 가슴이 무너져 내렸다.

내가 기대한 건 유학이었는데 이건 귀양을 가는 것과 다름없었다. 그곳은 엊그제 유치원 수녀가 쫓겨 온, 그래서 우리 유치원 수녀들이 모여서 '그곳으로 발령 나면 절대 거부하자!'고 의견을 모았던 터다. 그 신부가 있는 한 가지 않겠다던 곳이다. 하지만 그곳 수녀들이 만장일치로 나를 청했다는 것이다.

총장 수녀님과 두 손을 맞잡은 채 한참 흐느껴 울었다. 총장님 말씀에 순명해야 할 나였다. 하지만 서러움이 복받치는 건 어쩔 수 없었다. 잠시 은총이 가득하신 성모님이 개입하신다. 마리아의 무조건적인 순명! 성모님의 휘앗(순명)이 생각났다. 그렇기에 세상에 구원이 오지 않았던가.

"수녀야, 수녀야!" 하고 인자하게 부르는 성모님의 음성이 들리는 듯했다. 맞다. 나도 이분처럼 '네!'라고 해야지 하면서 "총장 수녀님, 제가 가겠습니다." 했다.

이번 학기를 본원 유치원인 성가유치원에서 소임을 하고 다음 학기에 춘천으로 가야만 했다. 수녀회에서는 본원 유치원을 정리할 계획이었다. 해서 두 트럭에 유치원 집기들을 실어 낙후된 춘천 유치원으로 보내 주었다. 모두 이삿짐을 날랐다. 실력 있는 수녀회 입회 지망생이었던 김충현 우술라 선생을 딸려 보내 주었다. 1982년 2월, 그렇게 죽림동 성심유치원으로 자리를 옮겼다.

옛 사람들은 순명하면 기적을 낳는다고 했던가. 나는 부임한 직후 성당 관할 동사무소로 갔다. 그러곤 취학 전 아동 명단을 쫙 뽑아서 집집마다 안내장을 보냈다.

"사랑하는 학부모 여러분, 기뻐하십시오. 유치원 수녀가 새로이 부임했으니 마음 놓으시고 자녀를 보내 주세요. 저희 유치원에서 원아 모집 중이니 어서들 서둘러 오십시오."

파악한 주소지로 안내문을 보냈다. 성당 근처 약수동, 죽림동 등등 다 띄워 보냈다. 주춤거리는 마음이 왜 없었겠는가. 하지만 엄마들이 수녀들을 믿고 아이를 보냈고, 그리하여 원아들이 한 반 정도 모였다.

신부님의 완고한 마음은, 욕심은 부동 자세였다. 사무실에는 흔한 캐비닛 하나 없고, 시골 초등학교에서나 볼 수 있는 다 낡은 나무 책상과 의자 2개가 전부였다. 화가 치밀어 올랐다. 나는 용기를 내어 신부님께 전화를 드렸다. 무게를 잡고 말하려는데 "왜 그러세요?" 하고 다 넘어가는 목소리로 답을 한다.

"신부님! 소문대로시군요. 신부님께서 이렇게 비협조적이시면 저도 내일 당장 본원으로 가겠습니다."

그래도 어쩌랴. 마음 단단히 먹고 신부님께 말씀드렸다.

"30만 원만 주세요."

그 말에 "기다려 봐!" 하신다. 도망가려는 것은 최소한 막고 싶으셨나 보다. 보좌 신부님 편에 현찰 30만 원을 내려 보내셨다. 급한 대로 집기를 장만하고 원아를 받기 시작했다. 교사와 더불어 밤새워 교실 환경을 정리하니 사람 사는 집처럼 되었다. 따스함도 피어났다.

이듬해부터 자모들은 원아들에게 한글을 가르쳐 주기를 원했다. 그래, 가르치자. 취학 전 원아들 한 반만을 대상으로 했다. 초등학교 교사 출신을 시간제로 채용하여 초등학교 교실처럼 만들었다. 과연 달랐다. 책상에 반듯하게 앉는 자세, 연필 잡는 손, 내려 긋기, 옆으로 긋기, 동그라미 네모, 모음 자음을 완전하게 다 마쳤다. 아이들이 얼마나 잘 따라 하는지! 받침 없는 글씨로 시작해서 1~2학기를 보내자 한글을 완전히 깨칠 수 있었다.

그다음 해는 춘천에서 유명한, 우리보다 월등하다는 유치원을 제치고 160명이라는 원아가 모집되었다. 유치원이 정상화되어 제 궤도에 올랐다.

당시 교육청에서 교장과 모범 교사 30여 명을 뽑아 동남아 연수를 보내는 프로그램이 있었다. 그런데 유치원 원장으로는 내가 뽑혔다는 게 아닌가. 생전처음 비행기를 타 볼 기회가 왔다. 꿈을 꿀 때마다 비행기를 타고 날아가는…… 내 평생의 꿈이기도 했다. 총장 수녀님께 말씀드리니 나더러 동남아 연수에 갈 거냐고 묻는다.

"어떻게 할까요?"

총장 수녀님의 첫 마디가 "수녀는 강원도에 공헌이 크니까 허락하겠습니다. 잘 다녀오세요." 한다. 이게 웬 복이냐! '주님, 성모님, 고맙습니다.' 문득 춘천으로 발령받기 전 총장 수녀님의 호출을 받고 비행기 탈 꿈에 부풀었던 순간이 떠올랐다. 순명하며 열심히 보낸 시간에 대한 상을 이렇게 받다니!

보잉 747. 이름도 생전 처음 들은 비행기. 비행기가 어느 정도 올라가니 촌뜨기 교장들과 이 수녀는 자리에서 일어난다. 급히 일어나는 바람에 가슴에 달았던 핀에 옷이 북 찢어졌다. 그래도 "와!" 하고 소리 지르면서 마치 중학교 수학여행 가는 아이들처럼 즐거워했다. 지금과 달리 80년대에는 해외여행을 한다는 것이 부러움의 대상이었다. 14박 15일. 대만, 태국, 싱가포르, 일본 등 맘껏 다녔다. 나중에는 지루할 만큼 비행기 타는 게 힘들었다.

귀국하자 "메히틸다 수녀님은 동남아 연수를 어떻게 갔다 왔어요?"하고 묻는다. 해외 연수 신청을 했다 허락받지 못한 수녀님의 물음에 내가 대답했다.

"모르겠는데요, 첫 마디에 승낙해 주셨어요."

모르는 건 모르는 거니까.

그 후 수녀원에서 순번대로 성지순례를 다녀오는 등 우리 수녀들에게도 해외에 갈 기회가 돌아왔다. 송파구에 있을 때는 원장 연수를 로마로 가는 등 소원을 이루어 주셨다. 가고 싶었던 융프라우 알프스산까지 올라가는 등 성지순례를 두 번이나 다녀왔으니 이제는 저 높이 계신 주님 계신 곳으로 가면 끝일세라. 행복하다.

무료 유치원 만들기

춘천에서 열심히 잘 살았다고 새로운 임지로 발령을 받았다. 근사하게 잘 지은 도림동 돈보스코 유치원이다. 춘천에서 5년 임기를 무사히 마치고 떠나는 날, 본당 성모회 회장님이 서울까지 데려다 주셨다.

"아이고, 좋구나. 우리 수녀님 잘되셨네요."

회장님은 서운해하면서도 자기 일처럼 기뻐하신다.

도림동에서 살기 시작하면서 눈에 띄는 것이 있었다. 넉넉한 살림에 비교적 잘사는 부모를 둔 어린이들은 어려운 경쟁을 뚫고 입학하는데, 살림이 궁색하고 셋방살이하는 가정의 아이들은 의외로 유치원에 오지 못하는 것이었다. 지금은 정부에서 무료 어린이집을 운영해서 고맙기 그지없지만 1987년에는 어린이집이 없고 유치원만 있을 때였다.

내 마음이 또 꿈틀거린다. 이 시설 좋은 유치원에 어려운 아이들을 받을 수 없을까? 오후에는 빈 교실이 생기는데 무슨 방법이 없을까? 어린이들에게 어떤 혜택을 줄 수 없을까? 날이면 날마다 고민한다. 교실 하나가 더 있어야 6급에서 7급반이 되어 어린이들을 받을 수 있었다.

문득 좋은 생각이 떠올랐다. 2층에 작은 주일학교 교실이 여러 개 있다. 칸을 트면 법정 교실이 될 수 있다. 생각에 생각을 거듭한 끝에 사제관 문을 두드린다.

신부님 앞에 서니 "거기 앉아요, 왜?" 하신다. 하고 싶은 말이 입에서 뱅뱅거렸지만 그저 "신부님! 신부님!" 하고 부르기만 했다. 뚱보 신부님이 호락호락 들어주실 것도 아니지만 어차피 말씀은 드려야 했다. 마음을 다시 한 번 다잡고 말한다.

"주일학교 교실을 터서 조립식으로 문짝을 만들면 어떨까요? 그 교실은 형식적으로만 유치원 교실이지, 주일 학생들이 사용하면 됩니다."

신부님은 한마디로 "집어쳐!" 하시며 다시 TV로 눈길을 돌린다. 보기 좋게 거절당했다.

저녁 성체조배 시간이다. 성체조배 시간 한 시간 내내 "주님, 주님, 저 좀 도와주세요. 네?" 하고 간청했다. 문득 좋은 생각이 떠올랐다. 무릎을 탁 치면서 '맞아요! 우리 신부님은 돈이라면 만

　　　　　　　　　　　　　　　에피소드 6. 신바람 수녀

사가 오케이시죠.'라고 중얼거렸다. 성체께 큰절을 올리고 수녀원으로 올라가기 전에 다시 신부님 방문을 두드렸다.

"또 왜?"

"신부님, 제 말 좀 들어 보세요. 시설비 500만 원이 들어가면 연간 1500만 원의 순수익을 올릴 수 있어요. 몇 명까지 대기로 원아 수를 유지하면 연 1000만 원은 수입이 되는데요."

"야, 그거 말 된다. 사무장 불러!"

주님께서 신부님 마음을 돌려놨다. 신부님 영명축일 때도 금일봉을 드리면서 "친구 신부님들과 저녁이나 맛있게 드세요." 한 적이 있다. 그때 신부님께서 "넌 사내아이다, 사내아이야!" 하며 좋아하신 적이 있다. TV만 보시는 신부님이 성체조배를 하는 수녀의 마음과 생각을 받아 주신 것이다.

다음 날 교육청에서 나오고, 주일학교 교실에 망치 소리가 들리고 뚫리는 것을 본 후 얼마 있다 한 클래스 승인이 떨어졌다. 오후반은 성공했다.

12시까지 마당의 성모님 앞에 어린 천사들이 모인다. 두 손 모은 천사들은 삼종 기도를 큰 소리로 바치고 '하나, 둘, 셋, 넷!' 하면서 자기 반으로 들어간다. 장난감, 몬테소리 교재며 간식이며 유능한 선생님의 재미있는 동화 등을 들으며 2시간 반 교과과정을 공부한다. 수업을 마친 아이들은 가방을 메고 신나게 집으로 돌아간다.

소문에 소문이 꼬리를 달고 날았다. 서강대학교 신문방송팀이 와서 취재도 해 갔다. 우리 수녀원의 시청각팀에서도 자랑하듯 사진을 찍어 갔다. 참으로 보람 있는 일이었다. 그때 교육청 담당자는 교리반으로 들어와 세례도 받았다.

세월이 흘러 내가 교정 사목할 때 이곳저곳 특강을 다녔다. 부산교구 오수영 신부님께서 창설하신 삼랑진에 있는 수도회에 초대받아 간 적이 있다. 그런데 이게 웬일인가? 어디서 많이 보던 형제님 같아서 서울에 살지 않느냐고 물었다. 그는 바로 교육청 직원이었다. 그 청년이 10여 년이 지나 수사 옷을 입고 기도하는 수사님이 된 것이었다. 반갑고 감사했다.

나는 언제 정열이 사그라질지 알 수 없다. 열심히 하지 않으면 안 될 것이다. 하지만 그 열심도 주님이 먼저 움직이시는 것임을 안다.

시편 21장 14편 "주님, 당신의 힘을 펼치며 일어나소서. 저희가 당신의 권능을 노래하며 찬미하오리다." 노래를 매일 부른다. 아멘.

너는 우리 집 큰 재목이야

나는 참한 처녀들을 볼 때면 눈이 반짝인다. '저 아가씨를, 저 대학생을 어떻게 꼬셔서 수녀원에 데리고 오나?' 하는 생각 때문이다.

아는 고등학교 3학년생이 사회복지학과에 합격했다는 소식을 들었다. 합격 사실을 알자마자 그 여학생의 등을 힘주어 두드리면서 "넌 우리 집 큰 재목이야."라고 말을 건넸다.

우리 수녀들은 절박한 곳으로 달려가 가난한 이들 편에 서서 기쁘게 수도 생활을 하는 성가소비녀들이다. 제주 강정마을에서, 밀양 송전탑 마을에서, 세월호로 고통당하는 안산 마을에서 작은 마음들과 함께한다. 자리 잡힌 큰 본당은 철수해도 우리 손이 필요한 곳이면 달려가는 소비녀들. 무료 병원인 성가복지병원, 알코올중독 치료센터, 장애인복지관 등 수도 없이 많은 시설에 일손이 아직 부족하다.

이 학생을 보아 하니 우리 집 일꾼이 되기에 손색이 없기에 자신 있게 말한 것이 씨앗이 되었다. 그 학생 부모님은 정말 열심하신 분들이다. 수녀원 들어갈 나이가 되자 그 부모님이 전화를 하셨다.

"수녀님, 빨리 서울로 오십시오. 우리 내외가 딸을 데리고 본원으로 가고 있습니다."

나중에 들은 얘기지만 부모님이 딸에게 "김 메히틸다 원장 수녀님이 늘 그러셨잖니? 네가 당신 집 일꾼이라고. 너는 성가소비녀회 말고 다른 데 갈 생각은 아예 말아라." 하고 말하셨단다.

나는 심 회장(성소자 아버지) 전화를 받자마자 제천 시외버스터미널로 달려가 서울 본원으로 향했다. 이후 성가소비녀회 경험을 잘 쌓은 스물일곱 살 처녀는 수련기, 첫 서원기, 그리고 종신서원까지 잘 마치고 지금은 양로원 시설장이 되어 소임에 충실히 임하고 있다.

우리는 참신한, 그리고 청빈한 수도자의 길을 걷고 있음도 선포해야 한다. 후배 양성에 온힘을 기울여야만 겨우 연명하는 것이 현실이다. 왜? 처녀들이 다 어디로 갔는가. 수도자들이 그렇게 많이 입회하던 시절은 옛이야기가 되어 버렸다. 그러나 걱정은 하지 않는다. 아직은 머리가 까만 아가씨들이 있으니까.

에피소드 6. 신바람 수녀

그리고 요즘은 마음씨 착하고 열심인 베트남 아가씨들과 중국, 필리핀에서 입회를 한다. 어쩌다 두세 명 한국 아가씨들도 있다. 요즘은 소임 중에서도 성소국 소임이 가장 힘들게만 보이니 두 손 모아 기도한다.

"포도밭에 참신한 여성들 좀 보내 주옵소서."

함께 기도해 주실 것을 당부드린다. 그리고 또 하나, 자녀를 많이 낳아 달라는…….

멋진 군종 사제

한여름에 당산동 성당에 부임하신 신부님은 군종에서 제대하신 아주 멋진 젊은 분이셨다. 며칠 후 같이 지내시던 동료 신부님들 여러 명이 오셨다. 아마 그때 내가 30대 후반으로 기억한다.

"와, 멋지십니다."

그중에서도 유난히 씩씩하고 군복 소매를 접어 팔 위로 올린 신부님 한 분이 이 젊은 수녀의 마음을 사로잡았다. 지금 말하자면 잠시의 짝사랑이었다. 이틀 후 포천 부대로 방문을 가신다는 것이다. 선배를 보러 가신다고 했다. 난 유치원 수녀지만 자원해서 본당 신부님 차를 타고 전교 수녀님과 함께 포천으로 향했다. 그렇게 좋을 수가 없었다.

드디어 사제관에 도착한 우리는 응접실에 편하게 앉아 있었다. 이내 나는 화장실로 들어갔다. 머리를 더 단정하게 하고 싶었다.

에피소드 6. 신바람 수녀

거울을 보고 이쯤이면 나도 괜찮다며 미소 지으며 나왔다.

"안녕하세요? 신부님, 반갑습니다." 인사를 드리고 두 발, 두 손을 모으고 신부님 맞은편에 다소곳이 앉아 있었다. 채 5분이 지났을까. 이게 무슨 소리람? 우리 신부님께서 말씀하신다.

"자, 일어납시다. 또 놀러 오겠습니다."

내 속마음을 아는 것은 같이 사는 선배 수녀님뿐이다. "네, 네." 하면서 멋진 신부님 댁에서 나온 게 그날 방문의 전부였다.

호기심만 가득했던 30대를 지나 어느새 70이 훌쩍 넘어 스스로 할매 수녀라 칭하는 날을 살아간다. 아름다운 추억은 이 수녀의 사는 힘이 된다.

모든 성인의 통공을 믿으며

가끔 나에게 굿 아이디어가 떠오를 때가 있다. 신앙의 힘이, 그리고 성인·성녀들의 전구가 큰 힘이 된다.

우리는 죽으면 천국이냐, 연옥이냐, 지옥이냐로 나뉘어 가는데 살아 있을 때의 공로대로 간다고 한다. 그래서 연옥에 계시는 영혼들을 위해 기도를 많이 한다.

우리는 하느님의 자비를 모르기 때문에 돌아가신 분이 어느 곳에 계시는지는 알 수 없다. 다만 우리의 기도로 영혼들을 연옥에서 천당으로 올려 드리면 그분들이 바치는 기도가 세상에 있는 우리와 통공이 된다는 것이다. 그 기도의 힘이 우리와는 게임이 안 될 정도로 강해 즉시 이루어진다는 신앙의 힘으로 산다. 이것은 이해하는 게 아니고 믿는 것이다.

어느 약사님의 따님이 직장을 다니다 약대에 가고 싶다고 공부를 시작할 때였다. 얼른 떠오르는 생각이 미사를 드리는 것이었다. 우리 수녀원에서는 창설된 지 75년이 넘도록 한 달에 한 번 돌아가신 수녀님들 공동으로 연미사를 봉헌한다. 한 분, 한 분 기일 때는 미사가 없고 성무일도 저녁 기도 때 기도를 바치고 있다.

문득 좋은 생각이 떠올랐다. 우리 동생 브르노 수녀 때도 그렇고, 동창 수녀들, 장상 수녀님들 등 이분들 기일 때 미사 예물을 봉헌하면 그분들의 통공이 또 크실 것 같았다. 약사님께 가족과 따님을 기억하면서 미사 봉헌을 권했다. 연옥에 있던 영혼이 천당 가면 천당으로 보낸 분을 꼭 도와 줄 것이 확실했다.

천국에 가신 영혼이 당신 따님과 집안을 꼭 돌봐 줄 것임을 설명해 드렸다. 긍정적으로 대답한다. 물론 따님은 약대에 합격했고, 7~8년이 지난 오늘까지도 미사 예물을 봉헌해 주신다. 세상 마칠 때까지 하신단다. 지금까지 50여 명이 돌아가셨는데, 이 수녀가 먼저 가신 수녀님들 기일 미사를 봉헌하면 자손들이 대대손손 봉헌하겠다고 약속도 해주신다. 미사 한 대에 3만 원을 50분을 위해 우리 수녀원에 봉헌하신다. 수녀님 기일 미사가 봉헌될 때마다 감사한 마음이 절로 커진다.

"수녀님, 천당 가시면 메히틸다 수녀도 기억하셔야 돼요. 다리 역할을 했잖아요. 저도 기억해 주시기에 지금까지 튼튼하게 수도 생활 잘하고 있지요. 감사합니다."

오늘 같은 날은 일찍 주무세요

성당을 신축한다는 말을 많이 들었다. 지방에 큰 성당을 짓기 위해 외국 신부님들이 지은 작은 성당을 없애고 그 자리에 더 크게 성당을 짓는다.

제천 남천동 성당을 지을 때는 1년이 걸렸다. 나는 기도했다. 이 성당을 위해 내가 도와줄 것은 무엇일까? 마침 답이 떠올랐다. 그것은 일하시는 모든 분께 커피를 맛있고 뜨겁고 시원하게 대접하는 것이었다.

겨울 커피는 만들기 쉬웠다. 믹스커피에 뜨거운 물만 준비하면 됐다. 여름 커피가 걱정이다. 서울에 가서 커피 수다를 떨었다. 평신도들은 대번에 알아채고 쿨커피를 사서 지원해 주었다. 정말 냉수에도 즉시 녹는 신기한 커피였다. 촌뜨기 수녀는 이런 커피도 있다는 걸 그때 알았다.

인부들은 내가 끄는 리어카를 볼 때마다 만족한 웃음을 지었다. 내 리어카 끄는 솜씨는 보통이 아니다. 그 실력으로 몇 년 후 교도 사목을 할 당시 자동차 운전면허 시험 볼 때 잘 써먹은 바 있다. 1종 보통 면허는 시동이 잘 안 꺼진다고 누가 귀띔해 주었다. 학원 등록 3일 만에 1종을 맡은 교관이 차를 정지해 놓고 "이빠 이로(끝까지) 틀 수 있어요?" 하기에 "나는 리어카도 잘 끄는데요." 했다. 이 말에 교관이 1종으로 받아주어서 면허를 취득한 적도 있다.

리어카에는 끓인 물 들통, 여름에는 얼음 담긴 들통, 종이컵이 아니고 플라스틱 컵 등을 가득 실었다. 유치원에서 현장까지 늘 50m를 걸어 다녔는데, 그 정도는 문제없었다. 1년은 긴 시간인데도 나는 무척 재미있고 신바람 났었다. 그 모습을 지켜보신 본당 신부님이 주교님께 자랑까지 하셨다. 성당 축복식이 끝날 때쯤 전 신자들 앞에서 "이 성당을 짓는 데 공로상을 타야 할 사람이 있다."고 소개해서 우렁찬 박수까지 받았다.

공사할 때도 매주 목요일이면 여기 와서는 8시부터 9시까지 성시간을 정해 놓고 했었다. 많은 본당을 다녀 보았지만 이곳 본당 신부님은 청렴결백하시고 성격이 깔끔하셔서 같이 사는 수녀들도 영명축일이면 꼭 인사를 왔고, 심지어 고백성사를 보러 오는 수녀들도 있었다. 나도 신부님의 차가우면서도 주관이 뚜렷하신 삶을 좋아한다.

공소 두 곳을 가는데 신부님 옆자리는 아무도 못 앉는다. 이 못난 칠푼이 수녀는 옆자리에 앉아서 있는 말, 없는 수다 다 떨어댄다. 신부님은 공소 미사가 끝나고 돌아오는 길에 충주댐 물 맑은 강의 송어회, 이스라엘 향어회 등을 사 주시곤 했다.

성당 축복식이 끝나니 밤 9시 정도였다. 그날이 목요일이라 우리 공동체 세 수녀님들은 졸더라도 성시간을 가져야 했다. 제대 가까이에 앉아 성시간을 보낸다.

묵상을 하려는데 익숙한 발자국 소리가 들린다. 본당 신부님은 목요일이면 늘 성당 감실등이 켜져 있음을 아셨다. 하지만 오늘같이 힘든 행사를 끝내고도 성당에서 두 손 모아 기도하는 세 수녀들이 안쓰러우셨는지 제의방 문을 크게 노크한다.

"네, 신부님!"

"오늘은 좀 일찍들 주무세요."

"네, 신부님, 감사합니다. 이제 들어갈게요. 안녕히 주무세요."

3년간 나를 눈여겨보신 신부님은 세 가지 칭찬을 해 주셨다. 내가 그곳을 떠나 교도소로 올 때 말씀해 주신 게 지금도 생각난다.

1. 수녀님은 열심하세요.

2. 수녀님은 돈에 깨끗해요.

3. 수녀님은 공동생활을 잘하세요.

난 지금도 마태오 영명축일에는 신부님께 메시지나 전화를 드린다. 신부님은 후배들이 본당신부 빨리 되라고 자리에서 일찍 물러나시고 전 재산을 바보장학회에 내놓으셨다. 친누님이 신부님 식복사를 맡아 지금까지도 좋은 표양을 주시며 사신다.

이겼다고? 든든한 도우미 기도

20여 년을 한결같이 내 오른편에 서시어 부족한 게 없나 보살펴 주셨고, 현재도 도와주시는 허옥희 아녜스 사장님. 나뿐만 아니라 불우한 이웃과 장애인 시설까지 빈틈없이 손을 뻗으시는 인자하신 어머니이다.

내가 그 댁을 방문하는 것은 큰 명절과 축일 때 인사차 가는 정도다. 그러나 가고 싶을 때는 전화 안 드리고도 가곤 한다. 넓은 정원도 좋고, 식탁에 앉으면 내 집 같기도 해서다. 그분 또한 나를 당신 가족으로 생각하고 있다.

"수녀님, 오늘 잘 오셨어요. 중요한 판결이 나는 날입니다."

대강 들어 보니 고등법원까지 억울하게 간 일이다. 막무가내 법조인들이 아닌 것을 알기에 좋은 결과를 기대해 본다. 그래도 성모님께 간절히 기도드린다.

"성모님 계신 곳을 더 말끔히 치우고 촛불도 양쪽에 켜세요. 우리가 할 수 있는 것은 기도밖에 없으니 막내따님도 저기 앉고, 아녜스 자매님도 이쪽에 앉으셔요."

묵주를 들어 성호를 긋고 정성을 다해 기도를 바친다. 고통의 신비 2단에 들어가려 하는데 핸드폰 소리가 울린다. 자리에서 일어나면서 자매님이 소리친다.

"뭐, 이겼다고? 고맙습니다."

아녜스 자매님은 경황이 없다. 이곳저곳 알려야 하기에 '죄송해요.' 하고 기도 자리를 떴지만 따님과 나는 감사하는 마음으로 5단을 바쳤다. 성모님께 박수도 쳐 드렸다.

당연히 이겨야 할 사건이었다. 돈만 아는 변호사들이 맘껏 장난했던 것이고, 상대방도 여기까지 안 하고 손들었다면 많은 혜택을 볼 수 있었을 사건이다. 참 한심스러웠다.

서로가 감사할 일일 뿐이다. 수녀들이 도와드릴 것은 단 하나, 든든한 도우미 기도이다. 그것밖에 할 줄 모르니까. 두 손 모아 간절히 빈다. 고맙고, 늘 감사하다.

에피소드 7

왈패 수녀

이영순, 공주가 살던 집

옥희야! 너 왜 그래?

내가 나서 자란 곳은 산골짜기도 아니고, 뻐꾹뻐꾹 새가 우는 숲속도 아니다. 넓디넓은 평야에서 밤새워 개구리가 우는 시골 마을이다. 봄에 가래로 논을 파면 검정 올망뎅이가 까맣게 나온 다. 어느 것은 흰 살을 드러내어 반쪽이 되어 있다. 그런 것은 버리고 통통한 알만 호미로 캐낸다. 여러 식구가 캐면 상당한 양이 되는데 그것을 가루로 내어 올망뎅이 묵을 쑤어 먹는다.

또 넓은 벌판을 달려 논두렁 개울둑에서 한 시간만 잘 뛰어다 니면 개구리를 한 깡통 잡을 수 있다. 개구리 몸통은 다져서 닭에 게 주고, 뒷다리는 잘 손질해서 구워 먹으면 맛이 그만이다. 소죽 을 쑤는 아궁이로 가서 사그라지는 장작을 끄집어내 잘 손질한 개구리 뒷다리를 이쪽저쪽 뒤집으며 굽는다. 태우지 않는 것도 기술이다. 그렇게 구워 낸 것을 왕소금에 살짝 찍어 먹노라면 해

넘어가는 줄 모른다.

　나와 사내 동생은 매일 개구리 사냥을 나간다. 나는 한방에 개구리를 때려눕히는 선수다. 지금 생각하면 어쩌면 내 건강의 비결이 바로 어릴 때 먹었던 개구리뒷다리 덕분이 아닌가 싶기도 하다.

　또 비가 내리는 여름날만 되면 체 하나와 물통을 들고 집을 나선다. 논물 떨어지는 웅덩이나 야트막한 개천으로 미꾸라지를 잡으러 나가는 것이다. 나와 남동생은 비만 오면 달리 말이 없어도 으레 나갔다.

　그뿐인가. 마루 밑창에 넣어 둔 놋그릇 종발, 놋수저 등 이루 말할 수 없는 고물들이 다 동생과 내 것이었다. 그것들은 우리의 보물이었고, 아무도 손대지 못했다. 저만치서 엿장수 가위 소리가 들려오면 나와 남동생은 후다닥 몸을 움직인다. 온통 거미줄이 쳐지고 먼지가 하얗게 덮인 것도 아랑곳하지 않고 마룻바닥으로 기어 들어간다. 이번에는 요것으로 사야지 하고 고물을 고른다.

　동생과 내가 달려가면 "철컥! 철컥!" 하는 엿장수 가위 소리가 점차 가까워진다. "아저씨, 아저씨!" 숨을 헐떡이며 가져온 고물 놋그릇 종발을 넘겨준다. 엿장수 아저씨는 "이거 가지고 얼마 되겠니?" 하면서도 "너 예쁘게 생겼구나. 그래, 이거 먹어라." 하시면서 꽤나 많이 주셨다. 착한 아저씨였다. 운동화 한 짝, 고무신 떨어진 것…… 뭐든지 다 받으시는 아저씨. 난 엿장수 아저씨가 세상에서 제일 좋았다.

내 기억으로 우리는 초등학교 다닐 때까지 온 동네와 들판을 뛰어다니며 놀았고, 동네 아이들은 새까맣게 그을려서 반질반질했다. 여름철에는 윗저고리, '런닝' 따위는 걸치지 않고 뛰어다녔다. 바지는 운동회 때 입었던 검정에 하얀 줄 있는 바지가 전부였다. 주일날 성당 갈 때와 학교 갈 때만 예쁜 원피스를 입는다. 여름에 비가 오는 날은 겨울에 입었던 헌 '오바'를 뒤집어쓰고 간다. 우산은 찢어져서 비가 다 새기 때문이다.

한여름 해가 서산으로 넘어갈 때쯤에는 동네 계집아이들이 술래잡기를 하거나 줄넘기하러 모였다. 적어도 네다섯 명은 항상 모였다. 옥희는 우리 집 가까이에 살기 때문에 제일 친했다. 저쪽에서 뛰어오면서 요란스럽게 "현남아, 현남아!" 숨넘어가는 소리로 부른다.

"넘어지면 어쩌니? 애, 천천히 와."

옥희는 숨을 몰아쉬며 "현남아!" 하고 다시 부른다. 옥희의 찌찌가 보이지 않고 빨간 아까징끼(머큐로크롬)만 보인다. 양쪽 젖가슴 주위를 온통 빨갛게 바르고 그걸 나한테, 아니 친구들에게 자랑하려고 단숨에 달려온 것이다.

"현남아, 내가 오빠들한테 이게 아프다고 했더니 오빠 셋이서 아까징끼 바르면 된다고 한 번씩 발라 줬어."

가슴이 온통 빨개서 보기 흉했지만 우리에겐 너무나 부러운 일이었다. 말을 안 해서 그렇지 그때쯤엔 가슴이 생기느라 조금씩은 다 아픔을 경험할 때였다. 내가 큰 소리로 이렇게 말한다.

"니네 오빠는 약대생이지만 우리 언니는 간호사다. 우리 집에도 아까징끼 있어. 얘들아, 우리 언니한테 가자."

나는 으스대면서 아이들을 몰고 집으로 갔다. 약간 수줍기도 하고, 아프면 어쩌지 하는 걱정도 되었지만 우리 언니라면 친구 모두에게 약을 발라 줄 거라고 생각했다. 그런데 그건 아주 큰 오산이었다. 옥희 얘기부터 우리 얘기까지 다 들은 언니가 말했다.

"얘들아, 이제부터 너희는 예비 숙녀가 된 거야. 옥희도 오빠들 앞에서 옷을 입고, 너희도 모두 집에 가서 런닝을 입어야 돼. 알았지?"

언니는 교양 있게 우리를 타이르고, 예비 숙녀로서의 몸가짐을 얘기해 주었다. 그날 이후로 우리 마을 여자아이들은 모두 런닝 셔츠를 챙겨 입는 아이들이 되었다.

사내 ‘男’ 자를 이름에

넷째 딸로 태어난 나는 위로 언니만 3명 있다. 나까지 딸이다 보니 할머니가 무조건 ‘남’ 자가 들어간 이름으로 지어 주셨다. ‘현남.’ 열심하신 어머니는 열 달 내내 성 요셉 성인께 매달리시며 아들 하나 주십사 기도했다고 한다.

내가 이름값을 한 건지 내 아래로 남동생을 봤다. 경사 났다고 온 집안이 난리가 났다. 나는 ‘기쁜 아이’가 됐다. 아침에 일어나면 할머니와 어머니가 내 등을 쳐 주시면서 “우리 현남이가 사내 동생 봤다. 장하다. 예쁘다, 고맙다.” 하는 말을 하도 하셔서 얼마나 으쓱댔는지 모른다. 오히려 집안에선 남동생보다 내가 더 ‘스타’였다. 눈이 동그랗고 예쁜 데다가 숫기가 좋아 온 마을 아저씨, 아주머니들까지 귀여워하셨다.

봄이 되면 동네 아저씨가 논에 줄 퇴비를 잔뜩 싣고 우리 마당에 오셔서는 "현남아! 현남아!" 하고 나를 불러낸다. 나는 맨발로 뛰어나가 "아저씨, 잠깐만 기다리세요." 하지만 준비를 할 것도 없이 마차 뒤를 따라나선다. 신바람 난 아이는 떠날 때부터 노래를 부른다. 아저씨가 온 논에 퇴비를 헤쳐 놓을 때까지 기다린다.

다 마치고 집으로 오는 길은 더 신바람 난다. 빈 마차에 실려 덜커덩 덜커덩, 엉덩이가 아픈 것도 아랑곳하지 않는다. 아까 부른 노래를 또 불러도 그만 하라 하지 않는다. 노래를 하고 또 하며 20~30여 분을 덜컹이는 마차를 타고 온다. 이 세상에서 가장 행복한 시간이었다.

내가 마차를 좋아하는 이유는 바퀴 4개가 구르면 금방 집에 오기 때문이다. 가만히 앉아만 있어도 움직이기 때문에 더 좋았다. 어쩌면 그것이 지금도 여행을 좋아하게 된 원동력이 아닐까 한다.

나는 지방 강의를 떠날 때 으레 한 달 전에 기차표를 끊는 습관이 있다. 역에 가면 흥분된다. 장대 같은 줄 뒤에 서서 차츰차츰 기차표 끊는 순서가 되면 가슴이 벌렁거린다. 그러다 내 차례가 되면 "네!" 하고 뛰어가서 활짝 웃는다. 그런 내 모습이 참 좋다. '순방향'이면 된다. 지루하지 않은 여행. 점심까지 준비하는 날이면 가방 무거운 것도 모른다. 참으로 행복하다. 매점에서 '누가바' 하나 입에 물고 기차에 자리를 잡는다. 누가바를 입에 넣고 소리 없이 떠나는 기차 여행! 난 천국에서 산다.

서울역 기차표를 끊고 집에 올 때는 빵 가게에 가서 식빵 하나를 사 들고 오는데, 얼마나 기분 좋은지 모른다. 밥보다 빵을 더 좋아하는 후배 수녀 생각이 나서다.

피곤하고 지치고 힘든 것은 아직 나에게는 남의 얘기다. 지방이 아닌 수도권도 전철이면 OK다. 전에도 수원 쪽, 인천 쪽으로 종횡무진 다녔고, 서울 시내는 물론 엘리베이터나 에스컬레이터가 있으면 짐이 있어도 상관없다. 엘리베이터가 없는 데는 가만히 서 있노라면 젊은 아주머니나 청년들이 도와준다. 그들이 천사다. 청년은 내 짐을 들고 단숨에 층계를 올라간다. "고맙습니다." 방긋 웃어 드리며 "복 많이 받으세요." 한다. 나를 마중 나오는 건 강의 장소와 가까운 전철역까지만이다.

내가 이렇게 체력이 좋은 건 타고난 것도 있겠지만 어린 시절 들판을 뛰어다니면서 논 것, 아무것이나 잘 먹었던 것 등등 때문일 것이다.

어머니는 내 밑으로 운 좋게 아들을 보고는 딸 둘을 더 낳으셨다. 어릴 적에 미역국을 자주 먹어서 그런가, 나는 지금도 미역국을 좋아하지 않는다.

우리 형제는 여자가 여섯, 남자는 하나다. 딸 여섯 중에 2명만 결혼하고 넷이 몽땅 수녀가 됐다. 모두 성가소비녀회에서 같이 산다. 언니 수녀님은 간호사, 난 유치원 원장, 동생 수녀 둘은 본당 수녀님들이다. 막내 수녀가 6·25둥이라 지금부터 칠순 잔치 해 달라고 보챈다. 아버지는 생전에 늘 이렇게 말씀하셨다.

"난 부자야, 부자."

아직도 당신 호적에 네 자녀가 그대로 있다고 좋아하셨다. 6대째 구교 집안인지라 문호리가 선조들의 고향이시다. 물 깨끗하고 산세가 아름다운 곳. 부모님들 성품이 선비시다.

다리에 올라앉더니만

어릴 적 초등학교 가는 길은 얕은 언덕 2개를 넘어야 했다. 언덕을 넘으면 까마득하게 학교가 보인다. 이름하여 소사북초등학교다.

갈 때는 두세 명이 짝이 되어 간다. 저마다 커다란 보자기에 책을 싸서 허리에 매거나 어깨에 걸쳐 질끈 동여매고 다녔다. 집에 돌아오는 길은 1반, 2반이 우리 동네 아이들이고, 3반은 삼곡리, 소사리, 범벅리 아이들이었다. 걸어오는 데 한 시간이니 장난이란 장난은 다 치면서 온다. 토닥거리며 싸우거나 머리채를 잡고 심한 욕을 하며 싸우기도 한다.

하지만 집으로 오는 길은 너무 재밌다. 여자아이들의 서슬에 사내아이들은 큰 소리도 못 내고 앞질러 집으로 가 버린다. 남은 아이들은 계집애들뿐이다.

농사를 지으려면 양수장에서 한강 물을 끌어 평야에 물을 대지만, 모내기 전후에는 개울물이 없어 담이 드리워진 개울가에서 장난치다 온다. 그때는 한 명도 빠지지 않고 모인다. 이때 대장은 우리 6촌 언니다. 우리보다 2살 더 먹은 언니인데 장난기가 다분해서 우리를 리드했다. "얘들아, 다 이리 모여 봐." 하면 까르르 웃으며 모여든다. 누구 오줌이 멀리 가는지 내기하자고 해서 오줌을 누었던 기억도 있다.

어느 날 수녀원에서 심리학 교수의 특강이 있었다. 교수님은 "여자들은 못 하지만 남자들은 심리학적으로 자기의 소변 줄기가……" 어쩌고저쩌고한다. 입이 간지러워 견딜 수가 있나. 손을 번쩍 들었다.

"네, 수녀님, 말씀하세요."

"교수님, 제가 어렸을 적에는요, 여자들도 다리에 올라가서 소변 멀리 누기 시합을 했어요."

강의장이 온통 웃음바다가 되었다. 난 그게 부끄럽지 않았다.

내가 어려서 못한 것이 있다면 스케이트 타기였다. 스케이트는 부잣집 오빠들이나 탈 수 있는 것이었다. 그 넓은 벌판에서 썰매를 타다가 스케이트를 타는 오빠들이 오면 부러움이 커지곤 했다. 그거 하나만 빼면 온갖 놀이는 다 잘했다.

수영도 잘했는데, 개구리헤엄만 칠 줄 안다. 세 살부터 개울가에 들어가 놀았다. 질긴 풀을 잡고 헤엄을 치다가 풀을 놓쳐 물도 많이 먹었다. 실전에서 배운 수영인 셈이다.

아마도 수녀원에서 수영 대회를 하면 내가 1등 할 거다. 40대까지 전철을 타거나 버스로 한강 다리를 지날 때면 '이거 문제없지.' 했다. 50대, 60대 때는 '좀 어렵겠는데.', 지금은 '아이, 무서워라.' 한다.

어릴 때는 물에서 헤엄치는 것이 얼마나 재밌는 놀이였는지 모른다.

내 사랑 라스파뇨라

내 눈이 동그랗다고 별명이 올빼미였다. "저기 올빼미 온다." 하면 다른 동네 아이들은 낯가림을 했다. 가끔 우리 동네 남자아이가 시비를 걸기도 했는데, 하루는 긴 복도 끝까지 쫓아가서 벽쪽 끝에다 머리를 몇 번 박아 주었다. "현남이 계집애 건들면 매 맞는다."고들 했다. 짓궂은 사내아이들만 덤볐다.

초등학교 때도 절대음감이었다. 악보 없이 노래를 다 오르간을 쳤다. 애국가, 교가는 다 내 차지였다. 아코디언을 배운 것도 어쩌면 어릴 적 꿈 가운데 하나였을지 모른다.

중학교를 인천으로 갔다. 1학년 때 소풍을 갔는데, 어떤 아이가 장기자랑 때 '라스파뇨라'를 아코디언으로 연주했다. 그 음색과 곡조가 나의 혼을 쏙 빼 갔다. 어찌나 부러웠던지 "저 계집애가 가진 저게 뭐냐?"고 물었다.

중학교 때 본 아코디언을 나이 30에 유아교육과에 들어가면서 접할 수 있었다. 친척 중 잘 아는 신부님께서 "수녀야, 종신서원 선물 뭐 해 줄까?" 할 때 아코디언을 사 달라고 했다. 독일제 헌넬 소형을 가지고 대학에서 부전공으로 체르니를 치면서 교수님한 테 아코디언 코드를 익혔다. 오직 그 라스파뇨라 곡을 연주하기 위해서였다. 드디어 2년을 연습한 후에 완주할 수 있었다.

지금도 어르신들이나 전신자 특강 때 트로트 11곡을 멋지게 연주하고, 특곡으로 라스파뇨라를 마무리로 연주한다. 꿈이 많고 노력하는 이 수녀는 '내 힘이, 내 소임이 다할 때까지 이 곡을 연주하리라.' 생각한다.

난 지금도 초청 강의가 없을 때는 박래수 교수님이 계시는 음악 학원에 가서 3시간 정도 아코디언을 연습한다. 나와의 싸움이다. 한 곡을 500번 이상 연습해야 듣기 괜찮은 곡이 된다. 연주할 때마다 터지는 박수와 환호 소리, 바로 그 순간 때문이다.

나는 무대를 자주 만든다. 관구 축성식이다 하면 뻐꾸기 왈츠, 성가정 축제 때도 내가 시간이 되면 연주하겠다고 지원하면서 구노의 아베마리아, 슈베르트의 아베마리아를 연습한다.

이번 가을에 낙엽 축제를 앞두고 또 연습이다. 성탄 때 뽐낼 세계적인 라콤파르시타 탱고를 맹연습 중이다. 지도자란 무엇인가를 가르치는 것뿐만 아니라 무엇을 어떻게 도전하고 이뤄 가는지 그 모습을 보여 주는 것이라 할 수 있다.

"주님, 사랑합니다.""죄송합니다.""저의 잘못을 용서해 주세요.""감사합니다." 이 네 가지 포노포노 기도를 자주 한다. 아멘.

아버지의 사랑

아버지는 인자하셨다. 동네를 한 바퀴 돌아 집에 오실 때면 동네분들이 하던 노름판을 접고 "부원 나리 오신다."고 반겼다. 마을에 좋은 영향을 주신 아버지이다. 한데 약주를 좋아하셔서 눈 속에 파묻히고, 부축을 받으며 집에 오실 때도 있었다.

나는 누구보다도 아버지를 좋아했다. 어린 나는 사랑방에서 아직 아버지 목소리가 안 들리면 아버지 침구가 조금 따뜻해지라고 이불 밑에 들어가 잠들기도 했다. 그럼 "우리 효녀 현남이가 아버지 춥지 않게 주무시라고 잠자리를 따뜻하게 해 놨네." 하시며 좋아하셨다.

아버지는 다른 형제들보다 유난히 나를 귀여워해 주셨다.

학교가 멀기에 종종 자전거도 태워 주셨다. "현남아, 어서 오너라." 하시며 자전거 뒷자리에 커다란 방석을 깔고 기다리셨다. 그러면 30분 동안 아버지 허리를 꽉 잡고 달린다. 아버지의 자전거는 거의 다 내 차지였다. 그렇기에 6년 개근상을 탈 수 있었다.

봄에서 여름으로 갈 때는 일찍 원피스를 입어서인지 가끔 감기 손님이 왔다. 그러면 열이 나면서 입맛은 썼다. 아버지께서 다니시는 읍사무소 옆에 있는 '허내과'에 가서 주사 맞고 약을 지어 왔다.

아플 때는 설렁탕집에 가서 맛있는 설렁탕 한 그릇을 선물 받는다. 열이 나고 온몸이 쑤시며 입맛도 썼지만 맛있는 설렁탕을 한입 넣으면서 이렇게 말한다.

"입맛이 살아 있을 때 이 맛있는 고깃국을 사 주실 것이지, 입이 쓸 때는 반도 못 먹고 수저를 놓을 수밖에 없잖아요."

볼멘소리다. 가난한 집안에 아이가 줄줄이니 병원 갈 때만 고깃국을 얻어먹었다.

내가 어려서 몰랐던 일을 가끔 어머니가 말씀해 주셨다. 공무원이셨던 아버지에게 가끔 돈뭉치를 주면서 "우리 아이 군대 좀 안 가게 해 달라."고 청탁하면 불호령을 내렸다고 한다. 그분들께 "이 나라의 큰 일꾼인데 얼마나 자랑스러우냐."면서 그 많은 유혹을 뿌리치셨다고 한다.

일본에 살던 작은아버지한테서 시계 같은 좋은 선물이 오면 오는 대로 상부 기관에 깨끗하게 보고했기에 명예롭게 공무원 정년

퇴직을 하셨다. 그러곤 돌아가실 때까지 등기소 대법서 명판을
달고 큰일을 하셨다.

가난하지만 강직하게 사시던 아버지가 자랑스럽기만 하다.

찰떡궁합 어머니

같은 자매라도 언니 수녀님은 나와 전혀 다르다. 어머니가 내 부탁을 받고 재미있는 이야기를 시작하실라 치면 "어머니, 그거 저번에도 말씀하셨지요?" 한다.

"왜 그래, 수녀님. 엄마, 계속하셔요."

난 백 번을 들어도 신나는 이야기다. 어머니 역시 신바람이 나신다. 그래서 엄마와 나는 찰떡궁합이다.

우리 집은 복숭아와 포도 과수원을 했지만 별 수확은 없다. 그러나 밭에는 여러 가지 푸성귀가 잘되어서 우리 동네에서 우리 어머니만 현명하게 물물교환을 하셨다.

배추와 무를 섞어서 갖은 양념으로 빨갛게 김치를 버무리시어 큼직한 양은 다라에 담아 뙈리를 머리에 얹고 이시고는 저 멀리 있는 인천 월미도로 가신다. 뱃사공들은 펄떡이는 생선을 우리 어머니 김치와 맞바꾼다. 그릇에 생선을 가득 채워 무거우신 것도 모르고 다시 집으로 오시는 모습은 참으로 부지런한 멋진 어머니상 그 자체였다.

갈치와 조기를 다듬어 독에 담아 놓고는 늘 생선을 밥상에 올리셨다. 다듬어 씻은 생선 물은 으레 내 차지였다.

"현남아, 이 물을 꽃밭 석류나무에 갖다 붓거라."

그래서 그런지 가을이면 석류 두 그루가 짝 벌어지면서 우리 동네에서 제일 커다란 석류가 늘 달렸다.

지금도 살아 계시는 것 같고, 그 장면이 계속 내 마음과 머릿속에 기억되고 있다. 부지런한 어머니는 아주 건강하시고 무병하셨다.

커피를 좋아하시던 어머니는 대청마루에서 신발장에 놓인 커피 잔을 가지러 가시다가 발을 헛디뎌 어깨가 골절되면서 92세 나이로 선종하셨다. 언니 수녀님의 간호를 받으시면서.

연탄 가스로 천국에 간 셋째 수녀

　굵고 짧게 머물다가 천국행을 탄 브르노 수녀 이야기다. 27세 때 2년차 수련기를 실습하러 이태원 성당으로 소임을 맡으러 간 브르노 수녀. 1970~80년대는 연탄가스로 사망하는 사람이 여전히 많았던 시절이다.

　연탄이 그 시절 주된 에너지원이었고, 가난한 서민들은 연탄으로 따뜻한 겨울을 날 수 있었다. 하지만 살인마 연탄가스는 소리 없이 찾아와 애꿎은 생명을 빼앗아 가기도 했다.

　1970년 11월 6일 늦은 가을, 내일모레면 새집으로 이사 간다고 좋아하던 수녀 2명이 연탄가스에 질식하고 말았다. 27세 젊은 수녀는 호흡량이 커서인지 현장에서 임종을 했다. 어처구니없는 사건이었다. 한 분은 40세에 그 일을 겪으시고 90세까지 사시고 계신다.

1989년에 찍은 기념사진
(뒷줄 왼쪽부터) 천당간 동생수녀, 남동생 내외, 셋째언니, 큰언니
(앞줄 왼쪽부터) 막내수녀, 어머니, 둘째언니수녀, 본인

브르노 수녀의 시신이 수녀원으로 옮겨졌다. 본당 사제는 아버지께 백배 사죄했다.

"아버님, 정말이지…… 뵐 낯이 없습니다."

어쩔 줄 몰라하며 사죄하는 신부님께 아버지는 이렇게 말씀하셨다.

"신부님, 저희 여식 때문에 심려를 끼쳐 죄송합니다."

어머니는 3일간 목 놓아 우는 우리와 동료 수녀들에게 "수녀님들, 왜 우세요? 천국에 간 건데 울긴 왜 웁니까?" 하신다. 어머니는 3일간 "주님, 감사합니다. 티 없이 맑은 영혼 잘 받아 주셔서 감사합니다." 하신다. 하긴 내 동생 브르노 수녀는 직 천당행이었을 게 틀림없다. 수련기 수녀 그것도 자다가 주님 품에 안겼으니, 지금쯤 천국에서 우리를 보며 웃고 있을 것이다.

입회한 지 일주일 된 내 동생 막둥이 수녀보고 오라버니가 "현년아, 너 집에 가자." 했더니 "내가 왜 집에 가야 해? 난 언니가 못하고 간 일들 다 해야 해." 했다. 후배로서 지금 막내 수녀는 자기 언니 몫을 거뜬히 해내고 있어 흐뭇하다.

천국에 간 수녀는 품성이 천사라 나와는 전혀 달랐다. 문학소녀였다. 고등학교 때나 수녀원에서 성모의 밤 행사가 있을 때면 글을 감동적으로 잘 썼다. 예쁘진 않고 그저 평범한 얼굴이었다. 하루는 집에 들어오자마자 대문에서 "아버지, 호박꽃도 꽃이지?"

했단다.

"암, 호박꽃이 얼마나 예쁘다고……."

어느 해 휴가차 집에 갔다가 들은 얘기다. 그 얘기를 하시는 아버지의 얼굴에 사랑이 묻어난다.

음력 섣달 스무날, 무척 추운 날이었는데 밖에서 잔치 준비를 하고 있었다. 아버지 칠순 잔치였을 것이다. 브르노 수녀만 빗자루를 들고 국수 잔챙이며 음식 찌꺼기며 지저분한 쓰레기를 묵묵히 쓸어 내고 있었다. 그 일하던 모습이 기억나 언니인 나는 부끄럽고 미안한 생각으로 더욱 그리워진다. 수련회 때도 자다 말고 조개탄이 꺼질까 봐 잠을 설치면서 갈았었노라고 동생 친구 수녀들은 살아 있는 성녀였다고들 했다.

굵고 짧게 살다 간 우리 아우 브르노 수녀님, 천국으로 가는 길에 장애물이 없었을 것이다. '천당에 갔는데 왜들 우세요?' 하신 어머니 말씀이 참 맞는 말이었다. 브르노 수녀가 간 지 48년이 된 지금까지 내 침대맡 기도는 통회 성령 기도, 연옥 영혼을 위한 기도이다.

"주여, 나 깊고 그윽한 곳에서 내게 부르짖나이다. 주여, 내 소리를 굽어 들으소서."

끝까지 다 바치곤 잔다. 덕분에 이 기도는 초상집에 가서 아무도 못 외워도 나만은 끝까지 할 수 있다. 피가 얼마나 진한지 그는 내 영혼을 주님께 향하도록 해 준다.

막내 엔젤 수녀는 집에서 끝까지 어머니를 보살펴 드린 애어른이다. 지금도 언니들 챙기는 덴 누구도 못 따라온다. 특히 내가 교도 사목을 할 때 집안 식구들, 친척들에게 TV를 기증하라고 했다. 한국샤프전자 회사도 우리 엔젤 수녀가 가르쳐 준 거다. 나보다 살림을 어찌나 잘하는지……. 벌써 엔젤 수녀의 칠순이 다가왔는데 "이 언니가 잘 챙겨야 할 텐데"라는 말은 그야말로 말뿐이다.

"엔젤 수녀야, 고맙다. 니가 언니 해라. 나는 내 일만 알지, 친척, 친구들에게는 자상하게 못 하잖니."

덤벙쟁이 수녀

엊그제 어느 본당 사제관에 사기꾼이 와서는 신부님을 속이고 돈을 빼앗아 갔다고 했다. 그런데 우리 본당에 어떤 젊은 사람이 와서 성사를 보겠다고 한다면서 사제관에서 인터폰이 왔다. "이 친구가 우리 본당에까지 왔네." 하면서 책임 수녀님이 사제관으로 갔다. 그때가 저녁 식사까지 끝낸 늦은 시간이었다. 밤 9시가 넘었던 걸로 기억난다.

나는 '옳거니! 파출소로 가서 순경 아저씨를 데리고 와야겠다.' 하는 마음만 갖고 성당 바로 옆 파출소로 갔다. 내 바로 위 언니 남편이 경찰관이라 정복 차림의 순경도 무섭지 않고, 모두가 친절하고 마음씨 착한 형부로만 보였다.

가로등만 훤히 켜진 행길에 수녀가 양쪽에 순경을 데리고 올라오는 장면은 정말 가관도 아니었을 것이다. 40대 초반이었던 나는 이웃 사제관이 털린 이야기며, 다른 얘기들을 해댔다. 순경 한 명은 뒷문으로 해서 사제실 침방에서 사기꾼 이야기를 듣고, 한 명은 응접실 밖 창가에서 엿들었다. 다행히 춥거나 덥지 않은 계절이었다.

"수녀님, 특별한 말은 아닌데요?"

응접실 안에서는 손님이 사기꾼이라고 가정한 신부님이 아차 하는 순간을 대비하고 있을 것이다. 상대방은 자기가 사제라고 했단다.

"그래요?"

상상의 나래를 타고 '사기꾼도 독서와 복음을 알 수 있지!' 하는 생각에서 "오늘 독서를 말씀해 보세요." 하니 복음 말씀도 척척 대답했다고 한다.

'안 돼. 안 돼. 난 너한테 넘어갈 수 없다.' 의심으로 꽉 찬 신부님이 실랑이를 계속한다. 내가 모셔 온 순경들이 그만 돌아가야겠다고 한다. 더 이상 잡아 둘 명분이 없었다. 책임 수녀와 나는 신부님 침방에서 떨고 있었다. 그때만 해도 통행금지가 있던 때라 12시가 거의 다 되어 청년을 집으로 보냈다. 순경들은 그때만 기다리다가 큰 행길가에서 연행하여 파출소로 들어갔다.

그런데 알고보니 이 청년은 진짜 사제였다. 신부 신부증을 제시했다 한다. 형님 댁에 다니러 왔다가 저녁 먹고 고백성사나 보

에피소드 7. 왈패 수녀

고 간다고 본당 사제관에 들른 것인데 그토록 심한 봉변을 당한 것이다. 아침에 확인차 형님 댁에 전화를 걸었더니 모두가 사실이라고 확인해 주며, 성사도 못 본 채 자기 소임지인 대구로 일찍 떠났노라고 했다. 이 얼마나 어처구니없는 일을 범했는가. 손님 신부님은 두고두고 긴 이야기를 하겠지?

그때 본당 신부님은 정말로 다른 사제들보다 우리 수녀들에게도, 신자들에게도 친절하셨던 분이다. 특히 여자들에게는 심할 정도로 냉정하신 분이셨다. 지금은 은퇴 사제로 모든 교우들의 사랑을 받으시는 사제 중의 사제다. 이웃 본당의 사기꾼만 아니었더라면 자고 가라고 했을 텐데…….

쫓겨간 수녀

유치원 수녀와 본당 신부님 사이는 좋을 리가 없다. 경제권에 관계되는 일이다. 유치원 수녀들은 예산 집행과 결산을 맞추어야 한다. 본당 사제들은 본당 내에 있기 때문에 사제 명령대로 했으면 할 것이다. 어쩌다 유치원 수녀가 쫓겨나는 이유는 본당 신부에게 불순명했다는 것이다. 다 맞는 말이다. 나같이 강직한 수녀와는 당연히 잘 부딪치게 되어 있다.

"안 됩니다. 유치원과 본당은 분명해야 합니다."

난 당연히 쫓겨나는 대상이 되었다.

어른들은 이 사제가 본당에 있는 중에는 어떤 수녀도 파견될 수 없다는 조건하에 나를 불렀다. 총원으로 들어와 지방 유치원으로 가기로 결정되어 그곳을 떠났다. 적어도 나는 내 마음을 치유시키기 위해 성령 기도회에 참석했다. 이런 사정을 모르는 제

일 큰언니, 나보다 열 살 위인 신심이 돈독하신 언니를 달래서 동
성고등학교 강당에서 열리는 기도회에 참석했다. 은혜를 많이 받
으려고 되도록 맨 앞쪽 자리에 앉았다.

베베라는 남매 가수가 노래를 무척 잘 불렀던 기억이 난다. 기
도가 섞인 감동적인 성가를 같이 따라 부르기 시작했다. 1학기를
마치고 유치원을 떠났기 때문에 하복 차림이었다. 성가를 부르면
서 어찌나 울었던지 내 회색 수도복 위로 눈물이 떨어져 온통 얼
룩이 져 버렸다. 그칠 줄 모르고 나오는 눈물은 나를 쫓아 버린 사
제에 대한 용서의 눈물이었다.

"예수님, 제발 그 사제를 용서해 주십시오. 네?"

믿지가 않고 용서해 달라고 2시간을 애원하였다. 옆에 앉은 언
니는 내가 그토록 우는 걸 눈치 챘겠지만 "그만 울어라!" 하는 말
이 없는 걸 봐서는 실내가 어둡고 옆 사람을 의식할 시간조차 없
었던 것 같았다.

요즘도 이런 베베 남매 같은 복음 가수는 없어 보인다. 그때 이
미 난 치유를 받은 것이 확실하다. 상대에 대한 미움은 전혀 없고,
'유치원 수녀가 없이 지내려면 무척이나 힘드시겠다. 불쌍하다.'
는 생각만 들었다. 지금까지도 나쁜 사제, 나를 보낸 못된 사람이
라는 미움이 전혀 없다.

2학기에 충북의 작은 유치원으로 이동되어 그날 저녁 나를 보

낸 그 사제에게 전화를 걸었다. 약간 놀란 목소리로 용서해 달라는 것이다.

"신부님, 무슨 용서요? 순명 못 한 제가 불찰이지요. 여기는 남천동 성당 유치원입니다. 이리로 옮겼으니 기도 많이 해 주세요."

10여 년이 지나 우연히 북한산 골짜기에서 투병차 어느 시설에 미사 집전하러 오신 신부님을 만났다. 내가 먼저 달려가 "신부님, 안녕하세요? 빨리 회복하셔야 합니다." 하고 방긋 함박웃음으로 대했다.

이렇게 어려운 시간에는 주님께 애원하는 수밖에 다른 길이 전혀 없다. 주님께 기도했다. '제가 6대째라는 선조들의 신앙을 가졌다는 게 주님의 큰 보배임을 감사드립니다.'

야, 인마! 뒈지긴 왜 뒈져?

우리는 살아가면서 끙끙대며 힘들고 아플 때가 많다. 그러나 시간이 흘러가면서 아픔에 아픔을 연습하다 보면 정상으로 제자리를 찾는다. 예수님 손을 꼭 잡고 걸어가노라면 인생이 아름다움으로 변화된다.

'아름답다'는 말은 '알타'에서 나왔다. 마더 테레사는 웅덩이 속에서 신음하며 임종을 준비하는 한 노인을 모셔다 깨끗이 닦아드리고 대세도 드리고 임종을 도와드렸다. 그 노인은 "딸아, 너에게 감사한다. 내가 사람답게 죽어 갈 수 있음에 감사한다."고 했다. 웅덩이 안에서 구더기의 밥이 아닌, 쓰레기 더미에서가 아닌 기쁨에 찬 목소리로 말씀하시고 임종을 맞이하신 좋은 예다.

나에게는 '조폭들의 어머니', '한국의 마더 테레사'라는 명칭이 인터넷에 떠다니고 있단다. 그래서인지 각 분야에서 생명의 위험을 느끼는 친구들이 면담을 청할 때가 있다. 왜 나를 찾아왔느냐고 하면 "다른 분들은 찾아가도 저에게 해결사가 안 되는 사람들뿐이라서 목숨을 끊기 전에 마지막으로 수녀님께 들렀습니다." 한다.

"야, 인마! 뒈지긴 왜 뒈져? 잘 들어 봐. 오늘부터 나에게 눈먼 돈은 다 니 꺼야. 얼마 안 되지만 작은 힘이 되어 줄 테니 뒈지지만 말거라."

3년이 지난 지금, 그는 자기 일에 심혈을 기울이며 힘차게 살고 있다. '쓰레기장에서 구더기 밥이 되는구나.' 하면서 목숨을 끊어야 되는 절박한 상황은 다를 바가 아니라는 생각이 든다.

우리 할머니께서는 추운 겨울에 걸인이 집에 들어오면 하룻밤을 재워 주셨다. 추위에 얼어 죽을까 염려되었기 때문이다. 그 걸인은 이렇게 말했다.

"할머니처럼 따뜻하게 거지를 맞이해 주신 분은 처음입니다. 이북에서 내려와 변변치 못한 삶을 살아가는데 이토록 따뜻하게 대해 주셔서 잊지 못할 겁니다. 사실은 저도 스테파노입니다. 감사합니다."

걸인과 할머니와의 대화는 내 삶의 지표이며, 자랑이다.

지방에 있을 때 수녀원에 걸인이 찾아왔기에 "아저씨, 밭일을 도와주실 게 있어요. 품삯을 드릴 테니 도와주시겠습니까?" 했다.

그날 일할 양이 많아서 다음 날도 일을 해야 됐다. 저녁까지 드리고 "내일 또 오세요." 했다. 어김없이 다음 날 오셨기에 어디서 주무셨냐고 여쭸더니 "기차역이 종점이라 열차 안에서 잘 자고 왔습니다." 한다. 이틀치 품삯 10만 원을 드리자 그가 말했다.

"수녀님, 모를 내려고 북쪽으로 온 겁니다. 추워서 모를 북쪽부터 내기 시작해서 저 남쪽 김해까지 가는 중입니다."

자신의 상황을 자세히 말해 준다. 그분 덕에 나는 벼가 누렇게 익으면 북쪽에서부터 벼를 베기 시작하는 이유를 이해했다. 매사모든 걸 내가 해야 되는 줄 알았는데, 그래서 세상 걱정이 남보다 많았는데 걸인 아저씨와 대화를 하니 가슴이 좀 뚫리는 듯했다.

잊을 수 없는 우리 수녀님

　김현남 수녀님과 인연을 맺게 된 것은 1975년도 유아교육과를 졸업하고 사회에 첫 발을 내디딘 해 의정부 성모유치원에 취업한 것이 계기였습니다. 수녀님은 원장님이셨고, 저는 교사로 근무했습니다.

　저는 그 당시 화곡동에서 의정부까지 대중교통을 이용해서 출근했습니다. 버스가 너무 복잡하여 옷 단추가 떨어지는 것이 다반사였으므로 유치원에 도착하면 난감할 때가 많았습니다. 수녀님께서는 온화한 표정으로 "이 선생, 만원버스에 시달려서 힘들지요?" 하시면서 반갑게 인사해 주셨습니다. 저는 무한한 책임감을 느끼게 되었고, 신뢰감을 가지게 되었습니다.

　2학기 초 어느 날 수녀님께서 "이 선생도 미래에 유치원을 운영할 수 있으니 성모유치원을 운영해 보는 게 어떨까?" 하셨습니다. 저는 '수녀님이시기 때문에 이렇게 복잡하고도 어려운 운영이 가능하지 않을까?' 하는 생각을 잠시 하였고, 교사로 근무하는 것이 제 적성에 맞는다는 것을 느꼈습니다.

수녀님께서는 유치원 운영에 있어서도 에너지가 차고 넘치셔서 유아들을 위한 인적, 물적 환경의 세심한 부분까지 관심을 가지셨습니다. 몬테소리 교육에 대해서도 남다른 관심을 가지셔서 돈보스코 유치원에 몬테소리 교육을 도입하시어 교사 교육 부분까지 진행하셨습니다.

수녀님께서는 전근 가시는 유치원마다 '어떻게 하면 유아들이 즐겁게 뛰어놀 수 있는 안전하고도 아름다운 환경을 가진 유치원 건물을 지을 수 있을까?' 골똘히 생각하십니다.

수녀님께서는 교사 개개인의 성품에까지도 관심을 가지시고, 어느 날 저에게 "이 선생, 유아들을 교육하는 유치원 교사보다는 학업을 계속하여 교수가 되는 게 이 선생 성품으로 보아 좋을 것 같아요." 하셨습니다. 저는 그 조언을 듣고 대학원에 진학하여 좀 더 폭넓은 안목을 가지게 되었고, 현재 유아교육과 교수로서 37년째 근무 중입니다.

저는 늘 제자들에게 수녀님께서 저한테 베풀어 주신 은혜에 대하여 이야기합니다. 그럴 때마다 학생들은 "교수님께서는 수녀님을 너무너무 좋아하시나 봐요." 하면서 "우리도 유아교육 현장에 취업했을 때 교사를 믿고 신뢰해 주시는 원장님을 만날 수 있을까요?" 하고 반문하기도 하고, 부러워하기도 합니다. 저는 학생들에게 "인간관계는 상대적이야."라고 자신 있게 말하면서 사회 초년생 1년 동안은 유치원 원장의 교육철학에 순종하여 최선을 다해 근무하는 것이 교사로서의 예의라고 조언하기도 합니다.

학생들에게 가톨릭 유치원을 실습 배정한 뒤 현장 순회 지도 나가서 원장 수녀님과 대화를 할 때에도 항상 김현남 수녀님에 대해서 이야기합니다. 저한테는 그만큼 수녀님과 각별했던 정이 마음 한구석을 차지하고 있습니다.

수녀님께서 교사 회의에서 지시하셨던 유아교육에 대한 전반적인 지식뿐만 아니라 인성교육 부분까지도 모범을 보여 주신 것이 학생들을 지도할 때 많은 도움이 되었습니다. 정말 감사합니다. 수녀님과 함께 근무한 교사 중에서 유치원 원장, 특히 유아교육과 교수 서너 분이 배출된 점을 볼 때 역시 수녀님은 대단한 분이라고 할 수 있습니다.

그동안 수녀님께서 정신없이 일하신 관계로 이제는 좀 더 한가하고 여유로운 시간을 가지시고 휴식을 취해야 할 시점에 자서전을 출판하신다는 이야기를 듣고 저 자신을 돌아보는 시간을 가지게 되었고, 역시 수녀님이시기 때문에 이 일이 가능한 것이라는 생각이 듭니다.

수녀님, 그동안 일을 너무 많이 하셨습니다. 이제는 쉬셔야 합니다.

마지막으로 수녀님의 자서전 출판을 축하하면서, 꼭 건강하고 행복한 시간들을 보내시기 바랍니다.

이수남(교수)

캉캉춤 가르쳐 주신 수녀님

메히틸다 수녀님의 삶을 책을 내신다니 저도 무척 기쁩니다.

수녀님 닮은 수녀되라고 제 여식도 수녀원에 보내 예쁜 수녀로 큰수녀가 되었지요. 유치원 소임을 하신 것뿐 아니고 저희 신자들 특히 부부들의 활성화에 심혈을 기울이시어 성가대며 교구 대회에 나갔다 하면 상을 타오게 캉캉춤도 가르쳐 주셨어요.

특히 가난한 어린이를 위해 오후반 유치원도 한 반 만드는 등 어려운 사람을 사랑하던 우리 수녀님이셨지요. 지금도 저희 교우들은 수녀님 이야기로 꽃을 피운답니다.

항상 감사하고, 책 출간을 축하드립니다.

이길래 마르코(도림동 교우)

추천글

조폭 수녀님의 사랑과 웃음 전하길

저의 핸드폰에는 수녀님이 '조폭 수녀님'으로 저장되어 있습니다. 인자한 어머니와 조폭 수녀님, 얼핏 상반된 이미지 같지만 '조폭 수녀님'에는 남다른 의미가 있습니다. 물론 교도소의 조폭에게까지 사랑과 기쁨을 전해 주시는 분이기도 하지만 제가 부여한 의미는 이것입니다.

조! 조물주의, 주님의,

폭! 폭소, 기쁨을 나누는 수녀님!

그렇습니다. 주님의 기쁨을 가장 힘들고 어려운 사람들에게 나누는 그 사랑과 감동을 수녀님의 이름에 담아 보았습니다. 그런 수녀님의 삶이 이 책에 고스란히 담겨 있을 것입니다.

웃음은 '우(위)에서 내려오는 숨(생명)'이란 뜻이 있는데, 이 소중한 책을 통해 그 기쁨의 생명이 더 많은 사람들에게 전달되고

나눠지길 간절히 소망합니다. 사랑하고 존경하는 김현남 수녀님
의 책이 나올 때까지 설레고 기쁜 마음으로 기다리며, 많은 독자
분들에게도 수녀님의 사랑과 웃음이 전해지기를 기도드립니다.

이요셉(한국웃음연구소 소장)

음지에서 빛나는 교정 역사
훌륭히 써 온 주옥같은 이야기

며칠 전 평소 존경하는 김현남 수녀님께서 전화를 주셨습니다. 조만간 교정 사목에 관한 책을 출간하는데 추천글을 써 달라는 것이었습니다. 수용자들의 영원한 어머니, 수호천사라 일컬어지는 수녀님의 추천글을 감당하는 것에 부담감을 크게 느끼면서도 한편으로는 무한한 영광으로 생각합니다.

김현남 수녀님을 처음 뵌 것은 1995년 겨울 청주교도소에서였습니다. 아담한 체구에 뚜렷한 이목구비, 온화한 미소, 시원스러운 말투, 적절한 유머 감각과 활기찬 걸음걸이 등등, 당시 수녀님의 인기는 수용자들은 물론이고 직원들에게도 절대적이었습니다. 생각만 해도 기쁘고 즐거운 힐링의 에너지가 넘쳐흐르는 참 대단한 분이십니다.

교정·교화 사업에 지금은 정부 예산이 많이 반영되어 큰 어려움이 없지만 당시만 해도 교정 참여 인사의 후원이 매우 필요한 시절이었습니다. 수녀님은 언제 어디서나 무엇이든지 조금도 주저하시거나 어떤 망설임도 없이 즉각적으로 척척 해결해 주시는 만능 해결사이셨습니다. 지면이 좁아 수녀님과 얽힌 여러 가지 경험담과 수용자들이 받은 은혜를 일일이 열거할 수는 없지만 본문 내용을 직접 보면 대략 짐작하시리라 생각됩니다. 다만 수녀님의 탁월한 인품과 베푸신 덕망의 100분의 1도 담아 내지 못한 것이 안타까울 뿐입니다.

수녀님께서 보내 주신 친필 원고를 설레는 마음으로 읽어 가다가 저도 모르게 깊은 한숨을 토해 내느라 몇 번이고 멈출 수밖에 없었습니다. 수녀님께서 우리 수용자들을 뒷바라지하시느라 얼마나 노심초사하시고 동분서주하셨는지 당시에는 전혀 눈치 채지 못하였습니다. 늘 쾌활하고 밝으신 모습에 그저 돈을 무한정 싸 놓고 계신 줄만 알았습니다. 원고를 읽으면 읽을수록 죄송하고 미안한 마음이 한없이 쌓여만 갑니다. 아무것도 모르면서 이거 해 달라, 저거 필요하다고 보채기만 했던 이 못난 철부지를 용서해 주시기 바랍니다.

작년 2월 제가 상주교도소장으로 처음 기관장 발령을 받았을 때 사과 한 트럭 가득 싣고 제일 먼저 달려오셔서 축하 꽃다발을 한아름 안겨 주셨지요. 그러고는 곧바로 3월에 전 수용자를 모아 놓고 교화 공연을 열어 주셨습니다. 최상급 드럼 연주자를 비롯한 재능 있는 분들과 함께 무대에 올라 직접 아코디언을 연주하시며 벅찬 감동과 웃음을 주셨지요. 늘 부족하기만 한 저를 위해 연로하신 나이에 서울에서 상주까지 그 먼 거리를 두 번이나 왕래하신 것은 평생 잊지 못할 은혜로 여기고 있습니다. 이 지면을 빌려 특별히 감사드립니다.

거의 반평생을 아무도 알아주지 않는 음지에서 혼신의 힘으로 빛나는 교정 역사를 훌륭히 써 오신 김현남 수녀님의 주옥같은 이야기가 이렇듯 책으로 발간되는 반가움을 제가 어찌 말로 다 표현해 낼 수 있겠습니까.

오늘도 변함없이 수용자의 교정·교화를 위해 불철주야 애쓰고 계시는 전국의 교도관과 교정 참여 인사님들에게 이 책을 일독해 보시기를 권합니다.

최병록(대전지방교정청 총무과장)

소임마다 보석처럼 빛나는
발자국의 여운을 담아

왈패 김현남 수녀님! 메히틸다 수녀님!

77세, 70kg의 노구, 거구에도 불구하고 불굴의 도전 정신으로 불도저 같은 삶을 이어 가는 존경스러운 수녀님의 이름을 가만히 불러 봅니다.

수녀님은 건장한 남성 못지않게 힘이 장사라는 걸 함께 체험한 일화를 통해 소개할까 합니다.

2016년 삼복더위 중이던 어느 날, 수녀님의 전화를 받았다.

"베드로야! 시간 나면 나하고 하루 봉사하시겠나?"

차량 봉사를 요청하신다. 이에 기꺼이 응하여 수녀원 정릉 본원 정문 앞으로 차를 몰고 갔다. 수녀님은 차에 타자마자 "베드로! 오늘 하루는 나한테 맡기고 봉사도 하고 즐기며 지냅시다."

하시더니 청주로 차를 몰라고 하셨다. 나는 이유 불문하고 수녀님이 하자는 대로 운전을 했다.

청주 부근에 가서야 청주교도소에 가신다는 귀띔을 해 주었다. 당신이 20년 동안 돌봐 온 무기수 재소자를 면회 가는 것이라 하셨다. 수녀님께서는 20여 분간 면회하신 후 영치금과 필요한 물건을 전달하고 나오셨다.

"이제 오찬 하러 가야지? 내가 근사한 곳으로 안내합니다." 하고 나를 이끄신 곳은 오래된 시골 돼지갈비 식당이었다. 역시 왈패 수녀님이 드나들기 딱 좋은 곳이란 생각이 들었다. 드럼통을 잘라 만든 화덕에 옆에 쪼그리고 앉아 갈비를 구워 먹는 허술하고 서민적인 곳인데 맛은 일품이었다.

식사를 마치고 나니 다음 장소가 궁금해졌다. 조치원 방향으로 차를 몰라고 하셨다. 그곳은 수녀님과 오랜 친분이 있는 교우의 복숭아 과수원이었다. 도착해 보니 땀에 흠뻑 젖은 부부가 복숭아 수확에 여념이 없었다. 우리 일행을 반기시면서 일손이 부족하다고 복숭아나무를 지정해 주며 직접 수확해 가라는 것이 아닌가?

수녀님은 벌써 팔을 걷어붙이고 작업 준비를 완료한 후 빨리 복숭아를 따라고 나를 다그쳤다. 사실 나는 복숭아 알레르기가 있었다. 망설이다가 '수녀님도 하시는데……'라는 생각으로 용기를 내어 높은 곳에 있는 복숭아부터 따기 시작했다.

삽시간에 온몸이 땀범벅이 되었다. 수녀복을 두껍게 입은 수녀님은 흐르는 땀에도 아랑곳하지 않고 묵묵히 많은 양의 복숭아를 수확, 비료 포대 4개에 가득 채우셨다. 수확한 복숭아 포대를 옮겨 선별 작업을 한 뒤 좋은 상품 두 박스는 돈을 지불했고, 나머지 하품에다 네 포대를 덤으로 주시기에 차 트렁크에 가득 실었다.

그것이 끝이 아니었다. 젊은 나도 힘들어 지쳐 있는데 수녀님은 가파른 언덕에 있는 자두나무를 발견하곤 눈을 반짝이는 게 아닌가. 잘 익은 자두가 너무 많이 달려 나뭇가지가 휘청거릴 정도였다. 떼밀리다시피 자두나무 밑으로 갔다.

자두나무 가지를 훑어 내렸다는 표현이 맞을까? 많은 양의 자두를 수확해 비료 포대 3개에 꽉 채워 차 뒷좌석에 싣고는 농장 주인께 감사의 인사를 하고 귀경길에 올랐다.

70대 중반의 노 수녀님이라고는 믿기지 않을 정도로 그 힘든 작업을 거뜬히 해내시는 모습에 다시 한 번 놀랐다.

수녀님의 굴곡진 소임이 담긴 소중한 원고가 책이란 옷을 입고 세상에 나옵니다. 수녀님께 축하의 말을 전합니다.

최정기 베드로